Friedrich Wilhelm Karl Thimme

Die Okkupation des Kurfürstentums Hannover durch die Preussen im Jahre 1806

Friedrich Wilhelm Karl Thimme

Die Okkupation des Kurfürstentums Hannover durch die Preussen im Jahre 1806

ISBN/EAN: 9783743392175

Hergestellt in Europa, USA, Kanada, Australien, Japan

Cover: Foto ©ninafisch / pixelio.de

Weitere Bücher finden Sie auf **www.hansebooks.com**

Die Okkupation des Kurfürstentums Hannover

durch die Preussen im Jahre 1806.

Inaugural-Dissertation

zur

Erlangung der Philosophischen Doktorwürde

an der

Georg-Augusts-Universität zu Göttingen

von

Friedrich Thimme

aus Schmedenstedt i. H.

Hannover.

Hofbuchdruckerei der Gebrüder Jänecke.

1893.

REFERENT

HERR PROFESSOR D^{R.} VON KLUCKHOHN.

TAG DER MÜNDLICHEN PRÜFUNG:

4. AUGUST 1892.

Die vorliegende Abhandlung bildet einen Abschnitt aus einem von der Philosophischen Fakultät mit dem ersten Preise der Beneke-Stiftung gekrönten Werke, das demnächst unter dem Titel: »Die inneren Zustände des Kurfürstentums Hannover unter der französisch-westfälischen Herrschaft 1806—1813« in dem Verlage der Hahn'schen Buchhandlung in Hannover und Leipzig erscheinen wird.

Die Okkupation Hannovers durch die Preussen. 1806.

Kapitel I.
Die Besetzung des Kurfürstentums durch die Preussen[1]).

Die mehrjährige Anwesenheit eines französischen Heeres im Kurfürstentum Hannover (1803—1805) war von der preussischen Regierung als ein schwerer Schlag für ihre Machtstellung im nördlichen Deutschland und als eine beständige Gefahr für die Sicherheit der preussischen Monarchie empfunden worden. Als daher die französischen Truppen unter dem Marschall Bernadotte im September 1805 bis auf einen schwachen Rest das Kurfürstentum verliessen, um dem Kriegsschauplatze an der Donau zuzueilen, erwuchs der Berliner Regierung die Aufgabe, einer abermaligen Besetzung Hannovers durch die Franzosen vorzubeugen. Das sicherste Mittel dazu bot die Besetzung des Landes mit den eigenen Truppen; es fragte sich bloss, ob ein solcher Schritt mit der Rücksicht, welche man auf die französische Regierung zu nehmen hatte, vereinbar war. Da trat ein Ereignis ein, welches die preussische Politik jeder Rücksicht auf Frankreich enthob: die Verletzung des ansbachisch-preussischen Gebietes durch das Bernadottesche Armeekorps. Dies hatte zur Folge, dass König Friedrich Wilhelm III. sich entschloss, Hannover ohne alle Übereinkunft mit Frankreich in Besitz zu nehmen

---

[1]) Die im folgenden gegebene Darstellung der preussischen Okkupation beruht vorwiegend auf bisher ungedruckten Akten des Geheimen Staatsarchivs zu Berlin und des Staatsarchivs zu Hannover. In dem ersteren befindet sich der Schriftwechsel der preussischen Behörden in Hannover mit König Friedrich Wilhelm III. und den Organen der preussischen Politik, im letzteren die Korrespondenz zwischen den preussischen und hannoverschen Behörden.

und auch dem Einmarsche der mit Österreich verbündeten Mächte in das Kurfürstentum nicht zu wehren. Am 13. Oktober 1805 erhielt ein Teil der preussischen Truppen den Befehl, nach Hannover vorzurücken. Zwei Wochen später, am 26. Oktober, zogen die ersten Regimenter in die Hauptstadt des Landes ein[1]). Gleichzeitig setzte sich von Schwedisch-Pommern her ein russisches Armeekorps in Marsch. Am 10. November ging es bei Lauenburg über die Elbe und breitete sich zunächst in der Provinz Lüneburg aus. Den Russen folgten die Schweden auf dem Fusse. Zuletzt erschien (am 16. und 17. November) die „Kings German Legion" nebst einer Anzahl englischer Truppen an der Mündung der Weser. Alle diese Truppen zusammen, Preussen, Russen, Schweden und Engländer zählten etwa 60 000 Mann.

Die beschämende Thatsache, dass die englisch-hannoverschen Truppen, welche doch den ersten Anspruch auf die Befreiung des Kurfürstentums gehabt hätten, zuletzt kamen, wurde hinterher von englischer Seite auf die „hartnäckige Dauer eines widrigen Windes zurückgeführt, der ein früheres Auslaufen der Transportschiffe verhindert habe"[2]). Allein wie Graf Münster, der hannoversche Minister bei der Person des Königs in London, an das Ministerium zu Hannover schrieb (15. Oktober), hielt man es im brittischen Kabinett noch um die Mitte Oktober nicht für ratsam, eine Landung an der hannoverschen Küste in das Werk zu setzen. Allenfalls gedachte man die Infanterie und Artillerie der Deutschen Legion nebst einem kleinen Detachement Kavallerie nach Stralsund zu entsenden. Dort sollte die Expedition sich mit den Russen vereinigen und aus dem Hannoverschen so viel Rekruten als möglich an sich ziehen, um demnächst mit mehrerem Nachdrucke wirken zu können. So wenig glaubte man in London an die dauernde Befreiung des Kurfürstentums von der französischen Okkupation, dass Münster in dem erwähnten Schreiben den Rat gab, „alle voreiligen Explosionen im Lande zu verhüten, die, ohne von allgemeinem und bleibendem Nutzen zu sein, nur dazu dienen würden, einzelne Personen oder Gegenden der Rache des Feindes preiszugeben"[3]).

---

[1]) Vgl. Lehmann, Scharnhorst I, 351.

[2]) Kollegialschreiben des Grafen Münster vom 8. November 1805. Vgl. die Proklamation Georgs III. vom 3. December 1805. Ranke, Denkwürdigkeiten des Staatskanzlers Fürsten von Hardenberg V, 183.

[3]) Erst am 25. Oktober erhielt die Deutsche Legion Befehl unter Segel zu gehen. Münster an die hannoverschen Minister zu Schwerin, London, 25. Okt. v. Ompteda, Politischer Nachlass I, 93.

Was die Russen, Schweden und Engländer im nördlichen Deutschland wollten, ist nicht recht ersichtlich. Der einzige greifbare Zweck, den sie verfolgten, war die Belagerung der Festung Hameln, welche von dem General Barbou mit einigen tausend Mann besetzt gehalten wurde. Vielleicht war weiterhin eine Diversion in das Niederländische geplant; die Franzosen wenigstens fürchteten dies und suchten sich gegen einen etwaigen Einfall durch die Aufstellung eines Truppenkorps an der holländischen Grenze sicher zu stellen. — Es sollte aber weder zu der Belagerung von Hameln noch zu einem Einfalle in Holland kommen. Bekanntlich wurde der preussische Minister von Haugwitz auf Grund des Potsdamer Vertrages vom 3. November 1805 in der zweiten Hälfte dieses Monats an Napoleon abgesandt, um die bewaffnete Mediation Preussens anzubieten. — Napoleon schien nicht abgeneigt, auf dieselbe einzugehen, machte aber die doppelte Vorbedingung, dass die preussische Regierung einen Einfall der englischen, russischen und schwedischen Truppen in das Holländische nicht dulde, und dass ein Rayon um die Festung Hameln zugestanden werde, innerhalb dessen die französische Garnison sich unbehelligt mit Lebensmitteln versehen könne[1]). Hierzu liess man sich in Berlin bereit finden, vorausgesetzt, dass Napoleon sich verpflichte, während der Dauer der Unterhandlungen nichts gegen Hannover zu unternehmen und kein französisches Truppenkorps in das nördliche Deutschland einrücken zu lassen[2]). Demgemäss wurde von dem preussischen Oberstleutnant Krusemarck ein Abkommen mit dem General Barbou getroffen, nach welchem die Verpflegung der französischen Garnison von den hannoverschen Behörden durch Lieferanten besorgt und dem französischen Befehlshaber die drei Ämter Ärzen, Grohnde und Ohsen eingeräumt werden sollten, um seine Truppen daselbst in Kantonierung zu legen[3]). Unter diesen Umständen verstand es sich von selbst, dass die Engländer, Schweden und Russen alle Operationen gegen die Franzosen im nördlichen Deutschland einstellen mussten.

Dabei blieb es indessen nicht. Unter dem frischen Eindrucke der Schlacht von Austerlitz schloss Graf Haugwitz am 15. December zu Schönbrunn einen Vertrag mit Napoleon ab, nach welchem

---

[1]) Note Hardenbergs an Laforest vom 19. December 1805. Ranke, Denkwürdigkeiten des Staatskanzlers Fürsten von Hardenberg II, 371.
[2]) Das. Vgl. Duncker, Abhandlungen aus der neueren Geschichte. S. 170.
[3]) Vgl. die Note Hardenbergs an Lord Harrowby vom 22. December 1805. Ranke, Denkwürdigkeiten Hardenbergs II, 384 und das Schreiben Münsters an den hannoverschen Gesandten von Ompteda vom 5. Januar 1806. v. Ompteda Politischer Nachlass I, 125 f.

Preussen gegen die Abtretung von Ansbach, Cleve, Neuchatel und
gegen Garantie des französischen Besitzstandes das Kurfürstentum
Hannover zu eigen erhalten sollte [1]).

[1]) Die Ansicht Lehmanns (Scharnhorst I, 354 Anm.), König Friedrich Wilhelm
habe dem Grafen Haugwitz bei dessen Abreise in das französische Hauptquartier
die geheime Instruktion gegeben, er solle auf alle Fälle den Frieden zwischen
Preussen und Frankreich sichern, dürfte sich schwerlich aufrecht erhalten lassen.
Die Erzählung des französischen Gesandten Laforest, auf welche sich Lehmann
stützt, ist nichts weniger als beweiskräftig. Ich lasse dahingestellt, ob die
Worte Laforests sichere Gewähr dafür geben, dass Haugwitz den Empfang einer
solchen Instruktion positiv behauptet habe. (Vgl. Höffer, Die Kabinettsregierung
in Preussen und J. W. Lombard, S. 178 Anm.) Soviel ist aber gewiss, dass
Haugwitz' Glaubwürdigkeit nicht über jeden Zweifel erhaben ist. Und wenn wir
vor die Alternative gestellt sind: Hat Haugwitz in der Unterredung mit Laforest
die Linie der Wahrheit überschritten? Oder hat Friedrich Wilhelm, dessen Ge-
wissenhaftigkeit ausser Frage stehen dürfte, seinem Minister eine Instruktion erteilt,
die einen Bruch des Potsdamer Vertrages vom 3. November und einen Verrat
gegen seine Bundesgenossen involvierte? So, meine ich, kann die Entscheidung
nicht zweifelhaft sein. Übrigens beweisen, um von anderen Zeugnissen (Berichte
des Obersten Crenneville, Schreiben Friedrich Wilhelms an Kaiser Alexander vom
23. Nov. etc.) abzusehen, schon die militärischen Massregeln des preussischen
Königs, dass er durchaus am Potsdamer Vertrage festhielt. Vgl. Duncker, Abhandlungen aus der neueren Geschichte, S. 160 ff., S. 253 f. und Lehmann, Scharnhorst I, 357 ff. — Auch die Nachrichten von der Schlacht bei Austerlitz haben
die Abwendung von jenem Vertrage nicht herbeigeführt. Das ergiebt sich aus
der Konferenz vom 9. Dec. (Denkwürdigkeiten Hardenbergs II, 357 ff.), dem
Schreiben Friedrich Wilhelms an den Zaren vom 10. Dec. (das. 363 ff.) und vor
allem aus dem Erlasse an Haugwitz vom 11. Dec. (Bailleu II, 417. Vgl. Duncker
a. a. O., S. 167). Entscheidend für den Systemwechsel in Berlin — und das ist
meines Erachtens bisher nicht genügend hervorgehoben worden — war erst die
Nachricht von dem zu Austerlitz (16. Dec.) geschlossenen Waffenstillstande, von
der Eröffnung von Friedensverhandlungen zwischen Österreich und Frankreich
und von dem Abmarsche der russischen Truppen nach Russland. Von dem
Augenblicke, wo dies in Berlin bekannt wurde, war ein Festhalten an der Potsdamer Konvention ein Unding. Die preussischen Truppen konnten ja nicht einmal
in Böhmen einrücken, wozu die Befehle schon gegeben waren (Denkwürdigkeiten
Hardenbergs II, 365), denn Art. 6 des Waffenstillstandes besagte, dass keine
fremde Armee den Boden Österreichs betreten dürfe. (Duncker a. a. O., S. 169.)
Auch hatte Preussen, wie Hardenberg mehrfach ausführt (vgl. z. B. die erste
Denkschrift Hardenbergs über den Vertrag vom 15. Dec. Denkwürdigkeiten V, 247),
keinerlei Verpflichtungen gegen Österreich, namentlich seit dieses einseitig Friedens-
unterhandlungen begonnen und sich damit gewissermassen der Defektion schuldig
gemacht hatte. Und was die Verpflichtungen Preussens gegen Russland betrifft,
so hat das letztere nach der Schlacht von Austerlitz und der Trennung von
Österreich selbst auf die Fortsetzung des Krieges und damit auf die Durchführung
des Vertrages vom 3. Nov. verzichtet. Sonst wäre es ja ganz unbegreiflich,
warum die russische Regierung nicht den Eintritt Preussens in den Kampf verlangt hat. Dass dies nicht geschehen ist, muss scharf betont werden. Mit keinem
Worte gedenkt der russische Kaiser in seinem Briefe an Friedrich Wilhelm vom

Es war nicht das erste Mal, dass das Projekt von der Erwerbung Hannovers durch Preussen zur Sprache gebracht wurde. Bereits bei den Entschädigungsverhandlungen im Jahre 1801 hatten Russland und Frankreich das Kurfürstentum in aller Form dem Könige Friedrich Wilhelm III. angeboten [2]). Später — im August 1805 — war Napoleon darauf zurückgekommen und hatte sich erboten, Hannover, über welches er kraft des Rechtes der Eroberung disponieren zu können meinte, an Preussen abzutreten [3]). Dagegen sollte letzteres sich zur Unterstützung Frankreichs für den Fall verpflichten, dass irgend eine Macht zu einer gewaltsamen Änderung des Besitzstandes in Italien schreiten würde.

In Berlin war man keineswegs blind für die grossen politischen, militärischen und kommerziellen Vorteile, welche der Besitz Hannovers bieten musste. Es war für Preussen eine Lebensfrage, eine feste Position im nördlichen Deutschland einzunehmen, ohne welche es einem Angriffe Frankreichs nicht standzuhalten vermochte; und

---

6. Dec. (Denkwürdigkeiten Hardenbergs II, 366) der preussischen Hülfe. Fürst Czartoryski schrieb am gleichen Tage an den russischen Gesandten Alopaeus in Berlin, nicht etwa, er solle Preussens Hülfe sollicitieren, sondern: unter den gegenwärtigen Verhältnissen sei es das Geratenste, „de se tenir tranquille, de se fortifier chez soi et d'attendre le cours des événements". Auch in der bekannten Unterredung, welche Alopaeus am 21. Dec. mit Hardenberg hatte, war von dem kriegerischen Beistande Preussens nur insofern die Rede, als der russische Gesandte an Hardenberg die Frage richtete, ob Friedrich Wilhelm den aus dem Potsdamer Vertrage entspringenden casus foederis für den Fall anerkenne, dass die russisch-französischen Verhandlungen sich zerschlügen und der Krieg von neuem beginne. (Das. S. 380.)

Dem zweiten Argumente Lehmanns für die Existenz der obenerwähnten geheimen Instruktion: bei der herkömmlichen Darstellung müsse es völlig unbegreiflich erscheinen, dass Haugwitz, obwohl er seine Instruktion in so unverantwortlicher Weise überschritten habe, von dem Könige bis an sein Lebensende mit Achtung und Auszeichnung behandelt worden sei, kann ich ebenfalls keine Beweiskraft zugestehen. In der ersten Zeit hat Friedrich Wilhelm den Minister gewiss nicht mit Auszeichnung behandelt. Aus dem (von Hardenberg zurückgehaltenen) Erlass an Haugwitz vom 11. Dec. (Bailleu II, 417) spricht unverhüllter Tadel. Nach der Rückkehr des Grafen von seiner Mission konnte der König zwar nicht bewogen werden ihn zu desavouieren, aber ebensowenig wollte er sich dazu verstehen, jenen „öffentlich für den Wiener Traktat zu belohnen". Die Insinuation Lombards, Friedrich Wilhelm möge Haugwitz aus Anlass des Vertrages zum Fürsten ernennen, wurde von diesem mit grösster Entschiedenheit zurückgewiesen. Haugwitz soll darüber auf das höchste aufgebracht gewesen sein. (Ranke, Denkwürdigkeiten Hardenbergs II, 416.) — Dass Friedrich Wilhelm III. sich später innerlich mit dem Verhalten des Grafen aussöhnte, erklärt sich zur Genüge aus dem vornehmsten Charakterzuge des Königs, seiner Friedensliebe.

[2]) Bailleu II, Einl., S. XVI und XVIII.
[3]) Das. S. LXII f.

wie die Sachen lagen, konnte nur der Besitz Hannovers eine solche verschaffen. Mit Recht hat Ranke darauf hingewiesen, dass Friedrich Wilhelm III. so wenig auf den Besitz der Kurlande gedrungen haben würde als seinerzeit Friedrich der Grosse, wenn die Verbindung Grossbritanniens mit Hannover dahin geführt hätte, dass dieses Land um so kräftiger gegen die Franzosen verteidigt worden wäre, wie das im 7jährigen Kriege geschehen war [1]). Da dieses nicht der Fall war, musste Preussen um der Selbsterhaltung willen nach der Erwerbung des Kurfürstentums streben.

Allerdings war König Friedrich Wilhelm nicht gesonnen, auf einem anderen als dem legitimen Wege in den Besitz Hannovers zu gelangen. Er hatte bei den Verhandlungen mit Frankreich stets darauf bestanden, dass die Erwerbung des Kurfürstentums nur mit der Einwilligung des Königs von England bei dem allgemeinen Frieden vor sich gehen könne. Der preussischen Diplomatie war es gelungen, auch die russische Regierung für diesen Plan zu gewinnen; in dem Potsdamer Vertrage hatte Kaiser Alexander versprochen, seinen ganzen Einfluss bei Georg III. zu verwenden, dass dieser gegen gebührende Entschädigung in die Abtretung Hannovers willige [2]).

Auch jetzt, als Graf Haugwitz mit dem Entwurfe des Schönbrunner Vertrages nach Berlin zurückkehrte, war man hier nicht Willens von dem Grundsatze der Legitimität abzuweichen. Im Prinzipe mit dem Austausche von Ansbach, Cleve und Neuchatel gegen Hannover einverstanden, wollte man doch den Vertrag nur mit der Einschränkung annehmen, dass der Austausch der erwähnten Gebiete erst nach dem allgemeinen Frieden, also unter Zustimmung Englands, vor sich gehen solle. Bis dahin wollte Preussen das Kurfürstentum blos militärisch besetzt halten.

Einen Augenblick glaubte die preussische Regierung der Einwilligung Napoleons zu dem solchergestalt modifizierten Vertrage sicher zu sein. Verhängnisvolle Täuschung! Napoleon hielt, als Haugwitz zu Paris die kaiserliche Genehmigung für den neugestalteten Schönbrunner Vertrag zu erwirken suchte, nicht nur an der sofortigen, unbedingten Besitznahme Hannovers fest, sondern forderte, darüber hinausgehend, dass Preussen seine Häfen dem englischen Handel und der englischen Schiffahrt verschliessen sollte. Unglücklicherweise hatte man in Berlin durch die übereilte

---

[1]) Ranke, Denkwürdigkeiten Hardenbergs I, 604 f.
[2]) Das. I, 534 f.

Abrüstung ¹), welche man im Glauben an die Annahme des modifizierten Vertrages angeordnet hatte, sich selbst in die Hände Napoleons gegeben. Eine Ablehnung der neuen Forderungen würde zugleich Krieg und Untergang bedeutet haben. Notgedrungen unterzeichnete Friedrich Wilhelm III. am 25. Februar den neuen Pariser Vertrag, der ihn einerseits zur Preisgabe von Ansbach, Cleve, Neuchatel, andererseits zu der unmittelbaren Besitznahme Hannovers mit dem Titel der Souveränität und zur Verschliessung der Nordseehäfen gegen England verpflichtete.

Ob Friedrich Wilhelm III. sich seit diesem Momente für den rechtmässigen Besitzer des Kurfürstentums gehalten hat? Wir werden das bei dem loyalen Charakter des Königs kaum annehmen dürfen. Jedenfalls hoffte der König mit Bestimmtheit, dass der Friedensschluss zwischen England und Frankreich ihm den Besitz Hannovers bestätigen werde. Ihn bis dahin zu behaupten, nötigenfalls mit gewaffneter Hand, war er fest entschlossen. „Hannover," schreibt er am 1. Juli 1806 an den Kaiser Alexander, „ist für die Verteidigung Preussens unentbehrlich. So lange der Krieg zwischen England und Frankreich dauert, muss ich es ungestört in Besitz behalten; darnach will ich mich gern mit England freundschaftlich auseinandersetzen" ²).

---

¹) Bereits am 24. Januar (demselben Tage, wo in Abwesenheit des erkrankten Hardenberg die Konferenz stattfand, in welcher die Demobilisierung der preussischen Armee beschlossen wurde) richtete Friedrich Wilhelm III. an Hardenberg ein Kabinettsschreiben, worin er ihn von den gefassten Beschlüssen in Kenntnis setzte. „Da nun, wie Euch bekannt ist, der Abschluss der mit Frankreich gepflogenen Unterhandlungen erfolgt ist," hiess es darin, „und Ich zufolge desselben die Hannoverschen Lande durch meine Truppen vorläufig in Besitz nehmen lasse, auch der Hauptzweck der Mobilmachung Meiner Armee, das nördliche Teutschland vor einem verheerenden Kriege sicher zu stellen, erreicht ist, so habe Ich beschlossen, die zur Besetzung des Hannöverschen nicht erforderlichen Truppen in die Friedensquartiere zurückmarschieren und sie grösstenteils gleich nach deren Ankunft in selbigen wieder demobil machen zu lassen." Es ist sehr auffallend, dass Hardenberg in seinen Memoiren mit keinem Worte dieses Kabinettsschreiben erwähnt. Er behauptet dort (II, 436), erst am 25. Januar von dem Befehle, die Armee zu demobilisieren, Kenntnis erhalten zu haben. Man wird aber kaum daran zweifeln können, dass jenes Kabinettsschreiben bereits am 24. Januar in seine Hände gelangt ist. Übrigens hat Hardenberg in demselben eigenhändig an den Rand geschrieben: „Ich bemerke hiebey, dass ich wegen dieser wichtigen Sache gar nicht zu Rate gezogen wurde, widrigenfalls ich Gegenvorstellungen gemacht haben würde. Hardenberg." Vgl. Duncker, Abhandlungen aus der neueren Geschichte, S. 178 ff. und Höffer a. a. O., S. 190 f.

²) Duncker, Aus der Zeit Friedrichs des Grossen und Friedrich Wilhelms III., S. 266.

In demselben Augenblicke, wo die preussische Regierung die Annahme des modifizierten Schönbrunner Vertrages von Seiten Napoleons für gesichert hielt, erliess sie auch die notwendigen Befehle zur Räumung der hannoverschen Lande von den russischen, schwedischen und englischen Truppen und zum Einmarsche eines preussischen Armeekorps. Bereits am 24. Januar 1806 sandte Friedrich Wilhelm III. dem Befehlshaber der russischen Streitkräfte in dem Kurfürstentum, Grafen Tolstoy, welcher seit dem Potsdamer Vertrage unter den Befehlen des Königs stand, die Weisung, durch Mecklenburg, Pommern, West- und Ostpreussen nach der russischen Grenze zurückzumarschieren. Auch wurde Graf Tolstoy von dem preussischen Könige ersucht, den Rückmarsch der Schweden zu veranlassen. — Der englischen Gesandtschaft ward von dem Grafen Haugwitz anheimgegeben, die englisch-hannoverschen Truppen möchten sich „in das Herzogtum Bremen auf das rechte Ufer der Wumme zurückziehen, wo sie vorläufig kantonieren und, den Einschiffungsplätzen nahe, die Beendigung der Anstalten zu ihrer Rückkehr abwarten könnten"[1]).

Die preussischen Truppen, welche im Oktober 1805 in das Kurfürstentum eingerückt waren, hatten sich gegen Ende November nach Westfalen und Franken gezogen. Jetzt wurde ein Bruchteil der preussischen Armee — 23 Bataillone Infanterie, 25 Schwadronen Kavallerie, 7 Batterien Artillerie — beordert, von neuem nach Hannover vorzurücken und die militärische Besetzung des Kurfürstentums zu vollziehen. Das Generalkommando über diese Truppen erhielt der Herzog von Braunschweig. Da Herzog Karl Ferdinand aber noch im Januar 1806 in diplomatischer Mission nach Petersburg abreiste, ging das faktische Kommando auf den Staatsminister und General der Kavallerie Graf von Schulenburg-Kehnert über, welcher von Friedrich Wilhelm III. zunächst mit der Civiladministration des Kurfürstentums beauftragt war.

Von grossem Interesse ist ein königliches Kabinettsschreiben vom 24. Januar, in welchem Friedrich Wilhelm III. dem Grafen Schulenburg die Ernennung zum Administrations-Kommissar mitteilt: es giebt uns Aufschluss, wie der preussische König die provisorische Besitznahme der hannoverschen Lande ausgeführt wissen wollte. „Da ich," so begann das Schreiben, „zu Behauptung der Neutralität meiner Staaten und des nördlichen Deutschland in dem noch fortdauernden Kriege zwischen Frankreich und England mit der zuerst genannten Macht übereingekommen bin, die Staaten des Königs von

---

[1]) Kabinettsschreiben an Hardenberg vom 24. Januar. Desgleichen an den Herzog von Braunschweig von demselben Tage.

Grossbritannien in Deutschland durch meine Truppen besetzen und bis zum künftigen Frieden administrieren zu lassen, so ist es nötig, zur zweckmässigen Anordnung und Führung dieser Administration einen besonderen Kommissarius zu ernennen, der mit dem nötigen Ansehen von Rang und Würden alle die persönlichen Eigenschaften verbindet, die zu einem so wichtigen Auftrage erfordert werden." Alles dieses, hiess es weiter, sei in Schulenburgs Person auf eine so glückliche Weise vereinigt, dass er (der König) ihm jenen Auftrag mit vollem Vertrauen erteile. Um dem General die Last des Geschäftes möglichst zu erleichtern, subordiniere er ihm den Geh. Oberfinanzrat und Kammerpräsidenten von Ingersleben und ermächtige ihn ausserdem, alle sonst erforderlichen Offizianten aus den verschiedenen Ministerialdepartements auszuwählen. Einer besonderen Instruktion bedürfe es bei Schulenburgs „bewährten dienstlichen Einsichten und Erfahrungen" nicht. Sie liege schon in dem Begriffe der Administration, wonach die Landesverwaltung auf dem Fusse und mit den Behörden, wie sie vorhanden seien, fortgeführt werden müsse, „doch so, dass alle direkte oder indirekte Verbindung mit dem Könige von England zu suspendieren, die Geschäfte nicht in dessen Namen, sondern im Namen des Landes zu führen und vor allen Dingen dahin zu sehen sei, dass die Neutralität des Landes bei dem Kriege zwischen Frankreich und England nicht auf die entfernteste Weise verletzt, mithin auch weder Geld noch Geldeswert dem Könige von England zugeführt noch irgend eine Aushebung von Mannschaften oder Werbung gestattet werde". Dagegen müsse Schulenburgs ganze Sorgfalt auf die Wohlfahrt des Landes und Verminderung der Lasten desselben gerichtet sein. Zu dem Ende werde er den Friedensetat der zu der Besetzung erforderlichen Truppen aus seinen Kassen fortzahlen lassen, so dass das Kurfürstentum nur die Verpflegung und Zuschüsse nach dem Feldetat aufzubringen habe.

Am 27. Januar wurde auch dem kurhannoverschen Ministerium durch ein Schreiben des Ministers von Hardenberg die bevorstehende Besetzung des Landes angekündigt [1]). Das einzige Mittel, hiess es in demselben, das abermalige Vorrücken einer grossen französischen Kriegsmacht in die hannoverschen Lande abzuwehren, habe in einem mit dem Kaiser von Frankreich zu treffenden Übereinkommen bestanden, wodurch die deutschen Lande des englischen Königs bis zur Bestimmung ihres Schicksals bei dem allgemeinen Frieden dem Könige von Preussen zur Verwahrung durch seine Truppen allein, und zur Administration übergeben würden. Diese Übereinkunft sei

---
[1]) Gedruckt u. a. bei Voss, Zeiten V, 222 ff.

wirklich getroffen worden, und demgemäss werde die Besetzung des Landes durch ein preussisches Armeekorps in kurzem erfolgen. König Friedrich Wilhelm intendiere bei der Übernahme des Kurfürstentums nur die Sicherheit und Ruhe des nördlichen Deutschlands und wünsche nichts lebhafter, als dass die Verwaltung zum grössten Wohle des Landes und dessen Einwohner gereiche.

In der Verfassung der Landesbehörden werde nichts geändert werden; nur sollten sie vor der Hand die einfache Bezeichnung „hannoversche Behörden" führen. Auch sollten sie „in Rücksicht ihrer Verwaltung und Dienstpflichten, wie aus dem Begriffe einer ausschliesslichen Administration von selbst folge, lediglich dem preussischen Könige und seinem Administrations-Kommissar mit gänzlicher Ausschliessung alles auswärtigen Nexus" verantwortlich sein.

An dem gleichen Tage (27. Januar) wurde den hannoverschen Ministern ein königliches Manifest eingehändigt[1]), welches die Landeseinwohner mit der preussischen Besetzung bekannt machen sollte. Die Unterthanen wurden darin angewiesen, den Verfügungen des Administrations-Kommissars und der von demselben einzusetzenden Administrations-Kommission unweigerlich nachzukommen und sich in allen höheren und allgemeinen Landesangelegenheiten allein an den Administrations-Kommissar, als die nunmehrige oberste Behörde zu wenden. Das Manifest enthielt ferner die uns bekannte Zusicherung, dass der Friedensetat der Besetzungstruppen aus den preussischen Landeskassen bezahlt, und dass bloss die mehreren Kosten des Kriegsetats von den Unterthanen getragen werden sollten. Überhaupt solle dafür gesorgt werden, dass die Einkünfte des Kurfürstentums während der preussischen Administration nach Abzug der Verwaltungskosten allein zu dessen Nutzen verwandt würden.

Auf das Schreiben Hardenbergs vom 27. Januar liess der Graf von Münster, welcher seit November 1805 auf hannoverschem Boden weilte, ein Antwortschreiben (30. Januar) ergehen, welches auf das feierlichste gegen alle Einschränkungen der Rechte Georgs III. und namentlich gegen die Publikation des Manifests vom 27. Januar protestierte. Es wurde in dieser Antwort unverblümt erklärt, das hannoversche Ministerium würde es vor seinem Landesherrn und vor dem eigenen Gewissen nicht verantworten können, wenn es sich dem Ansinnen der preussischen Regierung, es solle lediglich dem preussischen Könige und seinem Administrations-Kommissar mit gänzlicher Ausschliessung alles auswärtigen Nexus verantwortlich bleiben, füge. — Damit nicht zufrieden, veröffentlichte

---

[1]) Das. S. 226 ff.

Münster unter dem 3. Februar 1806 eine Proklamation, worin er seinen Protest gegen die preussische Besitznahme, welche den Rechten des Königs zuwiderlaufe und von demselben missbilligt werde, zur allgemeinen Kenntnis brachte und seine Rückkehr nach England ankündigte. Des weiteren forderte Münster die Staatsdienerschaft auf, auf dem ihr anvertrauten Posten auszuharren und ermahnte die Unterthanen, sich der bevorstehenden Okkupation nicht zu widersetzen, da solches für sie selbst nachteilig und für das Land ohne Nutzen sein würde.

Man kann kaum anders annehmen, als dass der Münsterschen Proklamation die Absicht zu Grunde lag, bei den Landeseinwohnern eine üble Stimmung gegen Preussen zu erregen. Thatsächlich hat sie diesen Erfolg gehabt. Wie Graf Schulenburg am 10. Februar aus Hildesheim berichtete, war das von preussischer Seite erlassene und in mehreren öffentlichen Blättern erschienene Patent vom 27. Januar „den Umständen nach" im Lande sehr günstig aufgenommen worden. Allein die Proklamation des Grafen Münster hatte die Stimmung so nachteilig verändert, dass man laut sagte, öffentliche Feinde seien heimlichen vorzuziehen [1]).

Am 14. Februar marschierte das erste preussische Regiment in die Residenzstadt Hannover ein. Ihnen folgten nach und nach die anderen Truppen. Am 15. Februar traf der Administrations-Kommissar, General von Schulenburg, in der Hauptstadt des Landes ein und am 17. das Personal der Administrations-Kommission.

Die Ankunft der Preussen bildete das Abzugssignal für die englischen, russischen und schwedischen Truppen. Die Einschiffung der englisch-hannoverschen Truppen begann bereits am 28. Januar zu Bremerlehe [2]). Am 1. Februar meldete der preussische Konsul in Bremen, dass der Abzug der Engländer mit fast ängstlich scheinender Eile betrieben werde. Bis zum 17. Februar war derselbe völlig bewerkstelligt. In Schulenburgs Berichten [3]) wird erwähnt, dass die Anzahl der zur Deutschen Legion gehörigen Mannschaft anfänglich nur 13 000 Mann betragen habe. Bei der rührigen Werbung, die im Kurfürstentum entfaltet worden, sei sie aber in kurzer Zeit auf 19 000 Mann angewachsen. Über die Einschiffung nach England sei in der Legion ein grosser Unwille entstanden. Mehrere Bataillone sollten sich geweigert haben, sich derselben zu unterziehen. Die Desertion nehme unter den hannoverschen Soldaten in dem Masse

---

[1]) Vgl. Lehmann, Scharnhorst I. 366.
[2]) Hardenberg an Schulenburg, 4. Februar.
[3]) Hildesheim, 8. Februar.

überhand, dass ein grosser Teil der Legion wohl nicht nach England kommen werde[1]).

Grössere Schwierigkeiten als die englisch-hannoverschen Truppen machten die Russen, von denen 18—19000 Mann im Lande lagen. Sie setzten sich nur widerwillig und sehr langsam in Bewegung. Schulenburg glaubte den Grund dafür in einem Einverständnisse zwischen Münster und Tolstoy suchen zu sollen. Die Absicht dieser beiden Männer ging nach seinem Dafürhalten dahin, durch die Verzögerung des Abmarsches der russischen Regimenter die preussischen Truppen zum Stehenbleiben zu nötigen und so den Einmarsch derselben in das Hannoversche eine Zeitlang hinzuhalten[2]).

Das schwedische, etwa 6000 Mann starke Armeekorps endlich zog sich im Anfang Februar über die Elbe in das Lauenburgische und von dort weiter in das Mecklenburgische zurück. Nur ein kleiner Teil der Schweden, etwa 400 Mann stark, blieb im Lauenburgischen stehen. Ihr Führer, Oberst Graf von Löwenhielm, erliess am 1. Februar im Namen seines Königs ein Publikandum, wonach die hannoverschen Lande auf dem rechten Elbufer auch ferner unter dem Schutze der schwedischen Truppen bleiben sollten, bis darüber eine nähere Übereinkunft zwischen Gustav IV. und Georg III. getroffen sei. Der starrköpfige Schwedenkönig war auf keine Weise zu bewegen, den Rest seiner Truppen aus dem Lauenburgischen herauszuziehen. So blieb den preussischen Truppen nichts anderes übrig, als das schwedische Detachement mit Gewalt aus dem Herzogtume zu vertreiben. Es geschah am 23. April.

Als der Pariser Vertrag vom 15. Februar von dem preussischen Könige bestätigt, und die Ratifikationen desselben am 8. März zu Paris ausgewechselt waren, kam der Augenblick, wo auch die französische Besatzung in Hameln das Kurfürstentum verlassen sollte. Der Abmarsch erfolgte auf Grund einer Konvention, die am 8. März zwischen dem Grafen von Haugwitz und dem General Duroc zu Paris abgeschlossen war. Diese Konvention, welche Hardenberg in seinen Memoiren „ein höchst seichtes, unbestimmtes und nachteiliges Machwerk" nennt[3]), setzte im 1. Artikel fest, dass Hameln am 18. März von den französischen Truppen geräumt und den Preussen übergeben werden sollte. Der 5. Artikel enthielt die Bestimmung, dass die hannoverschen Stände der französischen Besatzung den Sold bis zum ersten April auszahlen und ihr die Transportmittel bis zur französischen Grenze liefern sollten.

---

[1]) Vgl. Beamish I, 88 ff.
[2]) Immediatbericht Schulenburgs, Hildesheim 9. Februar.
[3]) Ranke, Denkwürdigkeiten Hardenbergs II, 518.

Schulenburg sprach gleich, als er von dieser Konvention Kenntnis erhielt, die Befürchtung aus, dass der so überaus unbestimmt abgefasste Art. 5 den Franzosen zu ungeheuren Reklamationen Veranlassung geben, und dass die Räumung der Festung nicht eher erfolgen würde, als bis die französischen Forderungen samt und sonders befriedigt sein würden. — Der preussische General hatte nur zu richtig geahnt. General Barbou in Hameln erklärte dem von preussischer Seite zur Entgegennahme der Übergabe nach Hameln gesandten Oberst von Elsner[1]), er werde die Festung erst dann räumen, wenn er von den Ständen alles erhalten haben werde, was er zu fordern habe. Auf die Vorstellungen Elsners hatte er nur die Antwort: „Sie bezahlen bis auf den letzten Heller, oder ich bleibe unbeweglich in Hameln; so befiehlt es mein Kaiser"[2]). Anfänglich verlangte Barbou 1200000 Fr.; nur mit Mühe gelang es den Deputierten der hannoverschen Stände diese Summe bis auf eine Million herabzuhandeln. — Die hannoverschen Kassen waren aber bei ihrem erschöpften Zustande gänzlich ausser stande, eine so erhebliche Summe in kurzer Frist zu liefern. Man entschloss sich preussischerseits darum, dem Kurfürstentum jene Summe vorzuschiessen. Das geschah: die hannoverschen Deputierten gaben das schriftliche Versprechen, die Schuld aus den Mitteln des Landes zu erstatten, sobald man dazu im stande sein würde[3]), und die verlangte Summe wurde dem General Barbou verabfolgt. Davon erhielt die Garnison auf ihren seit September 1805 rückständigen Sold 800000 Fr., 100000 Fr. wurden dem General Barbou als „Gratifikation" zu teil, eine gleiche Summe dem General Rapp, welcher den Befehl Hameln zu räumen überbracht hatte[4]). Auch

---

[1]) Über denselben vgl. Boyen, Erinnerungen I, 360.

[2]) Ähnlich erklärte der General Rapp den Deputierten der hannoverschen Stände, welche um eine Milderung der französischen Forderungen baten, „que la volonté de l'Empereur était et que les instructions du Général Barbou portaient, qu'il ne quittât Hameln qu'après être contenté de toutes ses prétentions, jusqu'au dernier sol." Dass dies den ausdrücklichen Bestimmungen der Konvention vom 8. März, wonach Hameln am Mittage des 18. März den Preussen übergeben werden sollte, zuwiderlief, kümmerte die Franzosen nicht.

[3]) Die Schuldurkunde ist ausgestellt d. d. Hameln 21. März 1806 und unterschrieben von Patje, den Landräten von Münchhausen und von Meding und dem Landesökonomie-Rat Meyer. Es hiess in derselben u. a.: „Wir quittieren im Auftrag des Landesdeputations-Kollegiums über diesen erhaltenen Vorschuss und versprechen dessen Erstattung aus den Mitteln des Landes, sobald die Kräfte und Umstände desselben solches gestatten."

[4]) Hiernach ist die Angabe von Hardenberg (II, 519), dass Graf Schulenburg den beiden Generälen die Summe von 100000 Thlr. geschenkt habe, zu berichtigen. Vgl. Lehmann, Scharnhorst I, 367 f. Im Jahre 1814 trug der preussische Finanz-

der Ordonnateur Bourdon und ein Oberst Passelac, wahrscheinlich Chef von Barbous Generalstab, verlangten Gratifikationen für sich. Sie erhielten je 100 Stück Friedrichsdor. Erst nachdem dies widerwärtige Geschäft abgethan war, ging die Räumung Hamelns vor sich. Am 24. März unterzeichneten Barbou und Schulenburg das Protokoll der Übergabe Hannovers an Preussen¹). Am 26. März marschierte die erste Abteilung der Franzosen ab, die letzte am 30. März. Die ganze Art und Weise, wie die Franzosen bei der Räumung verfuhren, war für die preussische Regierung äusserst verletzend. Schulenburg schrieb darüber an den Marquis Lucchesini in Paris (25. März): „Alles, was sich zu Hameln zugetragen hat, ist so bitter für einen alten preussischen Staatsdiener, dass ich es nicht beschreiben kann."

Mit der Übergabe Hamelns waren aber die französischen Vexationen in Hannover noch nicht zu Ende. Wie Schulenburg am 19. März nach Berlin meldet, hatte der General Rapp bei seiner Anwesenheit in Hannover angegeben, er habe den Auftrag, die Anstalten zu besichtigen, welche auf preussischer Seite gegen den englischen Handel ergriffen würden²). Desgleichen habe der General Barbou den Befehl, in Hannover als Minister zu residieren, und die Ausführung des Vertrages vom 15. Februar zu überwachen. — Wirklich hat der General Rapp die Anstalten, welche von den Preussen zur Sperrung der Elbe und Weser getroffen waren, in Augenschein genommen. Er war mit ihnen zufrieden und machte bei seiner Rückkehr nach Hannover am 28. März dem Grafen Schulenburg das Kompliment: „Eure Anstalten sind so vollkommen, dass ich glaube, wir würden hinter Euch zurückgeblieben sein"³).

General Barbou kam zu Anfang April in Hannover an, bezog dort ein gemietetes Quartier und gab bei seinen Visiten eine Karte mit der ominösen Aufschrift: „Commissair de Sa Majesté l'Empereur des Français et Roi d'Italie" ab. Doch scheint er in Hannover keine amtliche Thätigkeit entfaltet zu haben. Auf die Vorstellungen

minister von Bülow bei Hardenberg auf die Wiedererstattung der Million Francs an. Hardenberg erklärte jedoch, er sei ausser stande, die Erstattung jener Summe von der hannoverschen Regierung zu fordern. Schulenburg habe damals bezahlt, um die schleunige Räumung des Landes, nicht zu Gunsten Hannovers, sondern Preussens zu erlangen. Durch eine königliche Kabinettsordre vom 30. April 1814 wurde jene Summe dann niedergeschlagen.

¹) Der erste Artikel dieses Protokolls lautete: „L'entière occupation et possession de l' Electorat d'Hanovre est remise dès ce moment aux troupes de S. M. Prussienne."

²) Vgl. Lehmann, Scharnhorst I, 368.

³) Bericht Schulenburgs vom 28. März.

der preussischen Regierung wurde Barbou zu Anfang Mai nach Paris zurückberufen; Rapp war schon früher dorthin zurückgereist. Das Auftreten, namentlich des Generals Rapp bei der obigen Gelegenheit, war ein dermassen ungeschliffenes und arrogantes [1]), dass Schulenburg nur mit der grössten Anstrengung seine Mässigung bewahren konnte. Er bat aber den König (19. März), ihn von seinem Posten zu entbinden, da sein Charakter auf keine Weise dazu passe, Demütigungen hinzunehmen, und er nicht dafür bürgen könne, dass er Herr seiner Empfindlichkeit bleibe [2]). Die Antwort Friedrich Wilhelms III. vom 22. März lässt uns einen tiefen Blick in die damalige Stimmung des Königs thun. „Eure Empfindung", schrieb er an den Grafen, „ist sehr begreiflich, obgleich sie nicht dazu geeignet ist, der Meinigen von ihrer Bitterkeit etwas zu benehmen. Steht es mit der gemeinen Sache so, dass manches, was nicht hätte möglich sein sollen, doch möglich geworden ist, so folgt zuerst daraus, dass Ich der Liebe, des Eifers und der Beharrlichkeit meiner getreuen Diener noch mehr als unter gewöhnlichen Umständen bedürftig bin. Euer Selbstgefühl wird Euch sagen, dass Ihr mir jetzt unersetzlich seid, und dass auf dem Fleck, wo Ihr gegenwärtig steht, nur die Vereinigung Eurer vielfältigen Erfahrungen dem schweren Berufe genug thut"[3]).

Was nun die preussischen Massregeln gegen den englischen Handel betrifft, so hatte König Friedrich III. Schulenburg am 24. März angewiesen, möglichst schleunig ein Publikandum über die Sperrung der Elbe, Weser und Ems für die englische Schiffahrt und Handlung zu erlassen und alle Anstalten zu treffen, um demselben die strengste Folge zu geben. Zur Richtschnur müsse dabei das Verfahren der französischen Befehlshaber in den Jahren 1803—5 dienen. Demgemäss brachte Schulenburg am 28. März zur öffentlichen Kenntnis, die Häfen an der Nordsee, sowie die Ströme, welche sich in dieselbe ergössen, sollten der englischen Schiffahrt und dem englischen Handel ebenso wie zu den Zeiten der französischen Okkupation gesperrt sein. Die preussischen Truppen hätten den Befehl erhalten, allen englischen Schiffen das Einlaufen in jene Häfen und Ströme zu wehren. Auch sollten alle zur Sache gehörenden Anstalten ge-

---

[1]) In einem Schreiben an Lucchesini vom 25. März spricht Schulenburg von den „insinuations, que le Général Rapp m'a faites d'un ton et avec des manières, auxquelles jamais je n'avais été exposé".

[2]) Am 22. März wiederholte Schulenburg sein Abschiedsgesuch. Vgl. Lehmann, Scharnhorst I, 368.

[3]) Nach Lehmann, Scharnhorst I, 368, ist dem Grafen Schulenburg ausserdem (24. März) die Weisung zugegangen, dem General Rapp artig und zuvorkommend zu begegnen.

troffen werden, um das Ein- und Durchbringen der englischen Waren zu verhüten.

Mit der Sperrung der Elbe ward von Schulenburg der Generalleutnant von Pletz, mit der Sperrung der Weser der Generalmajor von Tschammer beauftragt. Kuxhaven und Bremerlehe wurden als Hauptlandungsplätze von den preussischen Truppen stark besetzt; nach den übrigen Häfen und Landungsplätzen gingen nur schwache Abteilungen.

Wie Friedrich Wilhelm III. die gegen den englischen Handel gerichteten Verfügungen ausgeführt wissen wollte, ergiebt sich aus einer geheimen Instruktion, welche er dem Grafen von Schulenburg am 24. März erteilte. Darin hiess es: „Mein fester Wille ist, den mit Frankreich abgeschlossenen Vertrag in seinem ganzen Umfang und ganz im Geiste desselben zu erfüllen [1]). Dieser Ernst schliesst aber nicht aus, die Ausführung so zu modifizieren, dass alles sorgfältig vermieden werde, was England noch mehr als die Sache selbst reizen könnte, zu Erreichung des Zweckes aber nicht wesentlich und unumgänglich erforderlich ist. Dahin rechne Ich besonders das Feuern auf englische Fahrzeuge, die sich nicht abweisen lassen wollen, welches so lange es nur irgend möglich zurückzuhalten ist."

Am 14. April berichtete Schulenburg an den König, die Sperrung der Nordseehäfen, sowie der Weser und Elbe sei vollzogen. Es komme jetzt darauf an, die Massregeln zu treffen, um den Eingang und das Ausladen englischer Waren, worunter er jedoch nur englische Manufaktur- und Fabrikwaren — also keine Kolonialwaren — verstehe, zu verhüten. Er glaube, dass hierbei die Absicht sein müsse und sei, auch nicht den kleinsten Schritt weiter zu gehen, als die Franzosen während der Jahre 1803—5 gegangen seien. — Konfiskationen englischer Waren im Lande, berichtete Schulenburg ein anderes Mal (27. April), würde man kaum vornehmen können. Es möchten sich wohl hier und da englische Waren in kleinen Mengen befinden; allein diese seien z. T. schon vor der preussischen Besitznahme eingeführt. Auch seien die Vorräte gewiss zu unbedeutend, als dass man sie zu berücksichtigen brauche. Als er bei der neulichen Anwesenheit des Generals Rapp gelegentlich zu diesem bemerkt habe, Kontrebande im kleinen werde sich nicht verhüten lassen, sei ihm geantwortet: „Der Kaiser vermag sie nicht einmal in Frankreich zu unterdrücken; wie solltet Ihr es hier können?"

---

[1]) Nach dem Vertrage vom 15. Februar 1806 sollte die Sperrung ausgeführt werden „de la même manière que l'ont fait les troupes françaises occupant l'Électorat de Hanovre". Ranke, Denkwürdigkeiten Hardenbergs II, 184.

Ein nennenswerter Schaden ist dem englischen Handel unter diesen Umständen durch die Sperrung der Nordsee nicht erwachsen. Die Hauptwege, welche derselbe zur Zeit der französischen Okkupation eingeschlagen hatte, die Verbindung mit Hamburg und Lübeck über Tönningen und Husum, die Landfahrt vom Jahdebusen durch das Oldenburgische nach Bremen und die Wattenfahrt zwischen der Jahde und Weser, blieben auch während der preussischen Okkupation unverschlossen. Das alles hinderte aber die englische Regierung nicht, ihrerseits die schärfsten Massregeln gegen Preussen zu ergreifen. Auf die preussischen Schiffe, welche in ihrem Machtbereiche waren, legte sie ein Embargo. Über Elbe, Trave, Weser und Ems ward der Blockadezustand verhängt (8. April)[1]) und an Preussen der Krieg erklärt. Die Blockade über die gedachten Flüsse wurde von den Engländern sehr streng gehandhabt: alles Ein- und Auslaufen von Schiffen, selbst der kleinsten Bote, ward unnachsichtlich verhindert. Die preussische Regierung hat im Hannoverschen keine weiteren Repressalien ergriffen; höchstens dass man den englischen Waren etwas eifriger nachspürte, als es ursprünglich beabsichtigt gewesen war[2]).

Eine weitere Folge des Pariser Vertrages war, dass Friedrich Wilhelm III. zu Anfang April förmlich und feierlich von dem Kurfürstentum Besitz ergriff. Bereits am 2. März fand zu Berlin eine Konferenz der Ratgeber des Königs statt, in welcher die Frage aufgeworfen und erörtert wurde: „Kann man die Dinge in Hannover auf dem gegenwärtigen Fusse belassen, oder ist es nötig, die Besitzergreifung durch einen öffentlichen Akt zu konstatieren?" Die Teilnehmer an der Beratschlagung — es waren Schulenburg, Hardenberg, Lucchesini und die beiden Kabinettsräte Lombard und Beyme — waren einstimmig der Meinung, eine Deklaration des Königs, welche die völlige Besitznahme des Kurfürstentums ankündige, sei unumgänglich notwendig. Dies erfordere schon die Rücksicht auf Napoleon, welcher der Aufrichtigkeit Preussens misstraue, nicht minder aber das Interesse der Hannoveraner selbst, welche nur dann Vertrauen zu dem preussischen Regimente fassen könnten, wenn es keinem Zweifel unterliege, wer in Zukunft ihr Landesherr sein werde. Auch

---

[1]) Aufgehoben am 25. Sept. 1806.
[2]) Am 4. Mai liess König Friedrich Wilhelm III. dem Grafen Schulenburg die Weisung zugehen, vor der Hand und bis auf weiteren Befehl seien keine Repressalien gegen England, selbst wenn sich dazu Gelegenheit bieten sollte, zu gebrauchen. Die Enthaltung davon und die strenge Beschränkung auf die blosse Sperrung der Ströme könnte vielleicht noch bewirken, dass englischerseits die beschlossenen Feindseligkeiten gemildert würden.

die öffentliche Meinung in den altpreussischen Provinzen gebiete einen solchen Schritt, denn der Patriotismus müsse dort schwinden, wenn man nicht sähe, dass der Abtretung preussischen Gebietes entsprechende Entschädigungen gegenüberständen [1]). So erliess Friedrich Wilhelm denn am 1. April ein Patent, welches die definitive Besitznahme des Kurfürstentums verkündete[2]). Er habe gehofft, liess er sich darin aus, seinen Unterthanen und den benachbarten Provinzen des nördlichen Deutschlands die Fortdauer der Wohlthaten des Friedens während des Krieges dadurch erhalten und sichern zu können, dass er die Staaten des Kurhauses Braunschweig-Lüneburg in Deutschland durch seine Truppen besetzt und in Administration genommen habe. Seitdem sei aber die wirkliche Besitzergreifung der hannöverschen Lande gegen die Abtretung dreier Provinzen der preussischen Monarchie „zu einem dauerhaften Ruhestand" der preussischen Unterthanen und der angrenzenden Staaten „unumgänglich notwendig" geworden. Er habe darum mit dem Kaiser von Frankreich eine Konvention abgeschlossen, vermöge welcher er „den rechtlichen Besitz auf die Sr. Kaiserl. Majestät durch das Eroberungsrecht zuständigen Staaten[3]) des Kurhauses Braunschweig in Deutschland" erworben habe. Er erkläre demzufolge, dass die hannoverschen Lande von nun an als in seinen Besitz übergegangen und seiner Macht allein unterworfen anzusehen seien. Es werde daher von nun an auch die Regierung und Verwaltung Hannovers lediglich und allein in seinem Namen und seiner allerhöchsten Autorität statthaben. — Des weiteren werden in dem Patente sämtliche Landesbehörden aufgefordert, die ihnen angewiesenen Funktionen im Namen des preussischen Königs und unter der obersten Leitung des Grafen von Schulenburg und der Administrations-Kommission pflichtmässig fortzusetzen. An die sämtlichen Landeseinwohner ergeht die Aufforderung, sich der neuen Ordnung der Dinge, aus welcher ihnen ein neuer Zeitpunkt der Ruhe und des Wohlstandes erblühen werde, willig zu unterwerfen. Zum Schlusse wird versprochen, der König werde gewiss nichts unterlassen, um den Landesunterthanen seine väterliche Sorgfalt und seinen Wunsch sie glücklich zu machen zu bestätigen.

Auf dieses Patent erfolgte unter dem 20. April eine vom Grafen Münster abgefasste langatmige Deklaration Georgs III., welche gegen

---

[1]) Ranke, Denkwürdigkeiten Hardenbergs II, 503.
[2]) Gedruckt das., S. 525 ff.
[3]) Die Worte „Sr. Kaiserl. Majestät durch das Eroberungsrecht zuständigen Staaten" sind laut Randnote Hardenbergs in dem Original des Patentes (G. St.-A. Berlin) auf den ausdrücklichen Befehl des Königs hineingesetzt worden.

die Besitznahme Hannovers Protest einlegte und „in wenig würdiger Weise" ¹) gegen das Verhalten der preussischen Regierung polemisierte. Hardenberg hat nicht so Unrecht, wenn er in seinen Denkwürdigkeiten von dieser Deklaration sagt, „in ihr blicke allenthalben Vorurteil, Entstellung der Thatsachen und Hass durch" ²). „Der Königlich Preussische Hof", so begann das Schriftstück, „hat die feindlichen Absichten eingestanden, welche derselbe durch seine freundschaftlichen Versicherungen zu verbergen suchte." Gleich dieser Satz enthielt eine ungerechte Beschuldigung Preussens. Allerdings hatte die preussische Regierung, wie wir gesehen haben, aus politischen Gründen nach dem Besitze des Kurfürstentums gestrebt; aber man hatte doch stets den Grundsatz im Auge behalten, dasselbe nur mit der Genehmigung des kurfürstlichen Hauses zu erwerben ³). Ein solches Streben war, wie Hardenberg mit Grund bemerkt, „ebensogut vor dem Richterstuhle der Rechtlichkeit und der Moral als vor dem der Politik zu verteidigen" ⁴). Nur die Überzeugung von der Unmöglichkeit, den Kampf gegen Napoleon aufzunehmen, hatte Friedrich Wilhelm III. zu einem Schritte vermögen können, den er freiwillig nie gethan haben würde, und der ohne Frage für die Monarchie Friedrichs des Grossen ein äusserst beschämender war ⁵).

¹) Vgl. Frensdorff in der Allgemeinen Deutschen Biographie XXIX, 476.
²) Ranke, Denkwürdigkeiten Hardenbergs II, 613.
³) Vgl. den Erlass an Lucchesini vom 10. Juli 1801, wo Friedrich Wilhelm erklärt, dass Hannoversche als Entschädigung annehmen zu wollen „si à la paix future entre la France et l'Angleterre celle-ci acquies ce à cet arrangement". Bailleu, Preussen und Frankreich II, 50.
⁴) Ranke, II, 613.
⁵) Wir können es um so mehr unterlassen, auf die Münstersche Deklaration und auf die von den Gesandten von Ompteda in Berlin und von Reden in Regensburg eingereichten Protestnoten einzugehen, als sie auf den Gang der hannoverschen Angelegenheiten nicht den mindesten Einfluss ausgeübt haben. Gedruckt sind sie u. a. bei Voss, Zeiten Bd. VII, 7. Stück.

Kapitel II.
Die Verwaltung des Kurfürstentums während der preussischen Okkupation.

Um zu erfahren, "wie man preussischerseits die angekündigte Administration der hannoverschen Lande zu führen eigentlich beabsichtige," reiste der hannoversche Staats- und Kabinetts-Minister von Bremer dem Grafen von Schulenburg nach Hildesheim entgegen und hatte dort am 4. Februar eine längere Unterredung mit demselben. Das Gespräch drehte sich zunächst um die politische Lage. Schulenburg sagte unter anderem, Friedrich Wilhelm III. habe sich zu der Besetzung Hannovers genötigt gesehen, um eine neue französische Okkupation zu verhindern. Auf den Einwurf Bremers, dies habe durch die britischen, russischen und schwedischen Truppen geschehen können, erwiderte der preussische General, diese würden es gegen die französische Macht nicht verteidigen können. Übrigens stehe dem Lande die Wahl, ob man lieber die Franzosen haben wolle, noch immer frei. Er habe Grund zu der Vermutung, dass sein König zurückgehen werde, wenn die Entscheidung Georgs III. für die Franzosen ausfallen sollte. Da Bremer diesen Punkt alsbald fallen liess, darf man annehmen, dass er eine französische Okkupation für das grössere Übel hielt.

Auf die Frage des hannoverschen Ministers nach der angedrohten preussischen Verwaltung äusserte Schulenburg, von einem Königlichen Staatsministerium dürfe wegen der Franzosen keine Rede sein; er müsse daher die Erwartung aussprechen, dass die Minister sich von den Geschäften zurückziehen würden. Man habe preussischerseits bloss die Absicht, dass das Kurfürstentum "als völlig neutral konserviert" werde. Nur hierauf wolle man sehen, und zu diesem Ende werde die Administrations-Kommission sich über alle Zweige der Staatsverwaltung Auskunft geben lassen, im übrigen sich aber in die innere Verwaltung des Landes nicht einmengen. Zu wünschen sei, dass die erwähnte Kommission nur mit einer, höchstens mit zwei hannoverschen Behörden zu thun haben möge. — Gern werde man sich in allem willfährig zeigen, was von den Franzosen nicht übel genommen werden könne. Die hannoversche Regierung möge bis zu seiner bevorstehenden Ankunft in Hannover noch alles einrichten, wie sie es für gut halte, und, wenn sie nicht direkt mit ihm verkehren wolle, ihm etwa durch Bremer privatim von den gefassten Beschlüssen Kenntnis geben, damit er die Instruktion der Administrations-Kommission darnach einrichten könne [1]). Nach der Rückkehr Bremers aus Hildesheim trat das hannoversche Ministerium am 6. Februar zu einer ausführlichen Beratschlagung zusammen. Man einigte sich dahin, das Ministerium solle von dem Augenblicke an, wo die preussische Administrations-Kommission in Hannover eintreffe, sich aller öffentlichen Ausübung seiner Funktionen als Kollegium enthalten. Dagegen sollten die Ministerial-Departements ihre Geschäfte fortsetzen. Die vorkommenden Ausfertigungen sollten, so lange es möglich sei, von den Departementsministern, sonst von den als Referenten und Expedienten angestellten Geh. Kanzlei-Sekretären „ex commissione speciali" unterschrieben werden. Die übrigen Landesbehörden, einschliesslich der Justizkollegien, würden solange in ihrer bisherigen Thätigkeit zu verbleiben haben, als nicht ein preussischer Kommissar in ihrer Mitte erscheine, um sie in ihrer Thätigkeit zu überwachen, und als ihnen nichts angesonnen werde, was mit ihren beschworenen Dienstpflichten in Widerspruch stehe. In unwesentlichen Dingen könnten die Behörden sich „einige Beiseitesetzung der bisherigen Formen" gefallen lassen: so sollten sie sich mit Weglassung der königlichen Titel bloss nach ihrem Geschäftskreise benennen. — Schliesslich wurde in der erwähnten Sitzung des Staatsministeriums bestimmt, das Landesdeputations-Kollegium solle diejenige Behörde sein, welche die Kommunikationen mit der Administrations-Kommission zu führen habe [2]).

Gemäss diesem Beschlusse wurden das Landesdeputations-Kollegium und die übrigen Provinzialdeputations-Kollegien von dem Ministerium angewiesen, „alle und jede von ihnen während der französischen Okkupation besorgten Angelegenheiten wieder zu respicieren".

Grossen Anstoss nahm man auf hannoverscher Seite an der beabsichtigten Einsetzung einer Administrations-Kommission. Der Minister von Bremer wurde darum von seinen Kollegen veranlasst, sich wiederum nach Hildesheim zu begeben und bei Schulenburg

---
[1]) Promemoria Bremers über den Inhalt seiner am 4. Februar mit Schulenburg gepflogenen Unterredung. Hannover, 5. Februar. Vgl. das Schreiben Bremers an Ompteda vom 15. Februar. v. Ompteda, Politischer Nachlass I, 133.
[2]) Immediatbericht des Ministeriums vom 6. Februar.

Vorstellungen zu machen. Die zweite Unterredung fand am 7. Februar statt. Als Bremer in derselben gegen die Administrations-Kommission bemerkte, dass selbst die Franzosen nicht soweit gegangen seien, eine französische Kommission niederzusetzen, fiel ihm der General ins Wort: dafür seien von jenen unerschwingliche Abgaben verlangt. Preussischerseits wolle man nichts haben und müsse nur sich davon überzeugen, dass die Revenuen nicht ausser Landes verwandt würden. Diese Verpflichtung habe man gegenüber den Franzosen übernommen, und weiter wolle man sich um nichts bekümmern. Auch sei er gern bereit, die Instruktion für die demnächst einzusetzende preussische Kommission nach den Entschliessungen des hannoverschen Ministeriums vom 6. Februar einzurichten.

Die Einrichtung der preussischen Administrations-Kommission erfolgte gleich nach der Ankunft des Grafen von Schulenburg in Hannover am 15. Februar. Sie bestand aus dem Präsidenten der Kriegs- und Domänenkammer zu Stettin Geheimen Oberfinanzrat von Ingersleben [1]) (welcher das Präsidium führte), dem Geheimen Finanzrat Wilckens, dem Oberrechnungskammer-Direktor Schönn, dem Kriegs- und Domänenkammer-Direktor Heyer, dem Geheimen Oberrechnungsrat Gieseke, dem früheren hannoverschen Ober-Appellationsrat, jetzigen Geheimen Regierungsrat von Bülow [2]) und dem Geheimen Kriegsrat Clemen, zu denen sich noch eine Anzahl untergeordneter Beamten gesellte [3]). Wie Schulenburg in einem Immediatbericht vom 14. Juli anführte, waren diese Beamten durchweg „vorzüglich geschulte und rechtliche" Männer. Ingersleben wird als ein Mann von Talent und Arbeitsamkeit charakterisiert, dem allerdings die Erfahrung, im grossen für sich allein zu handeln, noch abgehen möge.

Der Hauptzweck der Administrations-Kommission war nach der ihr von Schulenburg (15. Februar) in teilweise wörtlicher Anlehnung an das königliche Kabinettsschreiben vom 24. Januar erteilten Instruktion [4]), „darauf zu wachen und dafür zu sorgen, dass

---

[1]) Über denselben vgl. „Neuer Nekrolog der Deutschen" J. IX, T. I, S. 415 f.

[2]) Über denselben vgl. Frensdorff in der Allgemeinen Deutschen Biographie III, 525 f.

[3]) Wilckens und Clemen konnten an den Arbeiten der Administrations-Kommission nur ganz geringen oder gar keinen Anteil nehmen, da sie von Schulenburg zu den Direktionsgeschäften hinzugezogen wurden. Auch der Kammerdirektor Heyer, welcher das Verpflegungswesen der preussischen Truppen übernehmen musste, ward der Administrations-Kommission entzogen. Dagegen wurden ihr eine Anzahl anderer Mitglieder zugewiesen, so ein Oberrechnungsrat Graf von Schulenburg, ein Geheimer Rat von Madeweiss, ein Kammergerichtsrat Sack etc.

[4]) G. St.-A.

alle direkte und indirekte Verbindungen mit irgend einer der Krieg führenden Mächte aufhören und suspendieret bleiben, keine derselben auch nur den mindesten Nutzen davon ziehe, mithin insbesondere weder Geld noch Geldeswert einer dieser Mächte zugeführt, viel weniger noch irgend eine Aushebung von Mannschaften oder Werbung gestattet und die Neutralität Hannovers bei dem Kriege zwischen Frankreich und England nicht auf die entfernteste Art verletzt werde." Zu diesem Zwecke hatte die Kommission sich eine genaue Kenntnis von dem Kassenwesen des Landes zu verschaffen und die Zahlungen namentlich der Hauptkassen scharf zu überwachen. — Nicht minder wurde es der Administrations-Kommission in der Instruktion zur Pflicht gemacht, alle Sorgfalt und Aufmerksamkeit darauf zu verwenden, „dass die Administration lediglich zur Wohlfahrt der hannoverschen Lande geschehe, die Lasten der Einwohner möglichst vermindert und erleichtert, und Beschwerden über Bedrückung, wenn solche vorkommen und wider Verhoffen gegründet sein sollten, ohne Anstand abgeholfen werde".

Der oberste Chef der Administration blieb Schulenburg selbst. Die Administrations-Kommission durfte ohne sein Vorwissen keinerlei Veränderungen in der Verfassung und Verwaltung des Landes vornehmen. Im übrigen brauchte sie bloss solche Sachen zu Schulenburgs Kenntnis und Entscheidung zu bringen, welche früher von dem englischen Könige selbst oder von dem hannoverschen Ministerium „ad mandatum speciale" entschieden worden waren. — Im Juli 1806 kam der Graf aus Gesundheitsrücksichten um seinen Abschied ein. Statt dessen erteilte ihm Friedrich Wilhelm III. einen unbestimmten Urlaub, und an seiner Stelle trat Ingersleben an die Spitze der Civilgeschäfte in Hannover (11. August), während die Militärangelegenheiten dem Generalleutnant von Larisch, als dem ältesten General der im Hannoverschen stehenden Truppen, unter dem Oberbefehle des Herzogs von Braunschweig übertragen wurden.

Die erste Kommunikation der Administrations-Kommission mit dem Landesdeputations-Kollegium bestand in der Anzeige, dass die Censur über das Organ der Regierung, die „Hannöverischen Anzeigen", dem Geheimen Regierungsrate von Bülow übertragen worden sei [1]). Am 21. Februar folgte ein Publikandum, durch welches alle fremden Werbungen im Lande bei schwerer Strafe verboten wurden. Wichtig war auch die Verfügung der Kommission vom 24. Februar, dass ohne ihr Vorwissen und ihre Zustimmung nichts zur Ausführung gebracht werden dürfe, wozu bislang die Genehmigung oder Bestätigung des

---

[1]) Bremer an Ompteda 23. Februar 1806. Ompteda, Politischer Nachlass I, 135.

Landesherrn oder des gesamten Ministeriums erforderlich gewesen sei. Dahin wurde namentlich gerechnet, „dass sowenig Zusammenberufungen der Landesstände der verschiedenen Provinzen der hannöverschen Lande zu der Proposition neuer Verordnungen und Auflagen vorgenommen, als auch auf andere Weise neue Landesverordnungen erlassen und Abgaben eingeführt, oder die bereits vorhandenen erhöht würden". Ferner wurde verboten, neue Belehnungen vorzunehmen, neue Besoldungen zu vergeben oder Pachtkontrakte abzuschliessen, insofern dies Sache des Landesherrn oder des gesamten Staatsministeriums gewesen sei. Am 7. März wurde diese Verordnung dahin erweitert, dass ohne ausdrückliche Zustimmung der Administrations-Kommission keine Neubesetzung von Staatsämtern stattfinden dürfe, welche bisher von der höchsten Landesbehörde erfolgt sei. Die Thätigkeit der Minister in den Departements, namentlich in dem General-Regiminaldepartement, wurde hierdurch erheblich eingeschränkt.

Dem Auftrage, sich eine möglichst genaue Kenntnis von dem Finanzwesen des Landes zu verschaffen, suchte die Administrations-Kommission dadurch nachzukommen, dass sie unter dem 20. Februar von dem Landesdeputations-Kollegium ausführliche Nachrichten über die sämtlichen Staatseinkünfte und deren bisherige Verwaltung verlangte. Zu diesem Behufe sollten die Etats und Rechnungen sowohl der landesherrlichen als landschaftlichen Kassen von den letzten 6 Jahren eingesandt werden. Daneben sollte Aufschluss erteilt werden über „die in der Landesverfassung beruhenden Verhältnisse der landschaftlichen und übrigen, die Landeseinkünfte administrierenden hannoverschen Behörden".

Hannoverscherseits ging man bei der Lieferung der verlangten Nachrichten mit möglichster Zurückhaltung zu Werke. Das Ministerium instruierte die Kammer, welche angefragt hatte, wie weit man sich auf die Mitteilung der geforderten Nachrichten und Rechnungsextrakte einlassen dürfe, insgeheim dahin, sie möge die Einsendung der Extrakte auf einen, höchstens zwei Jahrgänge beschränken. Auch möge sie die Sache so einzurichten suchen, dass die Kenntnisse der preussischen Behörde nicht weiter ausgedehnt würden, als es unbedingt erforderlich sei, d. h. mit anderen Worten, die Kammer sollte möglichst allgemein gehaltene und nichtssagende Berichte einsenden. Das ist in der That geschehen: die eingereichten Listen und Auszüge über den Jahrgang 1802 3 gewähren nichts weniger als einen klaren Einblick in die hannoversche Finanzverwaltung. — Mit weniger Zurückhaltung verbreiten die eingesandten Berichte sich über das landschaftliche Finanzwesen.

Bedeutend erweitert wurde natürlich der Geschäftskreis der preussischen Kommission seit der völligen Besitznahme des Landes durch Friedrich Wilhelm III. Dieser Akt ging im April in der Weise vor sich [1], dass bei sämtlichen öffentlichen Behörden, von der Regierung bis zu den Posthaltereien, Stiftern und Gerichten, ein preussischer Besitzergreifungs-Kommissar erschien, das königliche Patent vom 1. April zur sofortigen Anheftung an der Thüre des Versammlungszimmers übergab und den Beamten eröffnete: „dass Se. Königliche Majestät von Preussen ihnen die Ausübung ihrer Funktionen für jetzt zu belassen geruht hätten. Sie würden also autorisiert und befehligt, diese Funktionen noch ferner auszuüben, und in Hinsicht auf diese Funktionen bis auf weitere Ordre und nähere Instruktion auf ihren geleisteten Amtseid verwiesen. Dabei gewärtige und verlange man von ihnen, dass sie von den ihnen anvertrauten und in ihrem Gewahrsam befindlichen Papieren und Geldern nichts entfernen oder vorenthalten, über dasjenige, worüber durch die jetzige höchste Staatsgewalt von ihnen Erläuterung gefordert werden möchte, solche nach ihrer Kenntnis offen abgeben, überhaupt aber den Befehlen derselben ein gehöriges und schuldiges Genüge leisten würden" [2]. Hieran knüpfte sich die Drohung: „wer sich weigern würde, jenes Versprechen zu geben und das darüber aufzunehmende Protokoll zu unterschreiben, sei eo ipso ab officio suspendiert." Dieses Schicksal traf z. B. den Gesandten von Ompteda, der seiner Stelle als Oberpostdirektor enthoben wurde [3].

Solche Weigerungen kamen indessen nur ganz vereinzelt vor. Graf Schulenburg war rücksichtsvoll genug gewesen, dem Minister von Bremer bereits am 16. März den Inhalt des von der Staatsdienerschaft zu unterzeichnenden Reverses mitzuteilen. Die hannoverschen Minister waren dadurch in den Stand gesetzt worden, die Behörden zu instruieren, dass das geforderte Versprechen unbedenklich unterschrieben werden möge; nur sollten sie sich ausdrücklich vorbehalten, dass ihnen nichts angesonnen werde, was

---

[1] In der Stadt Hannover fand die Besitzergreifung am 8. April statt. Am 9. April reisten die Kommissäre in die verschiedenen Provinzen ab. „Bei der Ausdehnung der hannoverschen Lande, und um die Besitznahme in den entfernten Gegenden nicht zu lange zu verzögern", wurden fast alle Mitglieder und Subalternbeamte der Administrations-Kommission ausgesandt, so dass die Geschäfte der Kommission an die 14 Tage und darüber teilweise ruhen mussten. (Bericht Schulenburgs vom 8. April 1806.)
[2] Ompteda, Politischer Nachlass I, 150.
[3] Ompteda, Politischer Nachlass I, 156. Auch der Auditor von Uslar bei dem Hofgericht zu Hannover wurde wegen Verweigerung des geforderten Versprechens suspendiert (19. Mai 1806).

mit der ihnen nicht erlassenen Dienstpflicht unverträglich sein würde[1]). — Die Absicht der Minister ging dahin, dass diese Klausel, wenn irgend möglich, der Unterschrift hinzugefügt werden solle. Da Schulenburg aber einen schriftlichen Vorbehalt nicht gestatten zu können erklärte, mussten die hannoverschen Beamten sich begnügen, eine dahin zielende mündliche Erklärung abzugeben. Weiter wurde den hannoverschen Behörden von den preussischen Kommissären bei der Besitznahme aufgegeben, die bisherigen landesherrlichen Wappen, Insignien und Namenszüge sofort abzunehmen und wegzuschaffen, an deren Stelle preussische Adler oder Wappenschilder aufzurichten und hinfort bei allen Versiegelungen das preussische Adlersiegel zu gebrauchen. Auch ward vorgeschrieben, dass die Behörden sich der Bezeichnung „von Sr. Königlichen Majestät von Preussen provisorisch bestätigte Kammer, Kriegskanzlei" u. s. w. bedienen sollten.

Von der allgemeinen Ableistung eines Huldigungseides sah die preussische Regierung bei der Besitznahme Hannovers ab. Man gedachte damit bis zur definitiven Erwerbung des Kurfürstentums im Frieden zu warten: ein neuer Beweis für das schonende Vorgehen Preussens.

Wie Schulenburg am 10. April nach Berlin berichtete, war bei der preussischen Besitzergreifung alles ruhig zugegangen. Nur der Drost von dem Knesebeck zu Eissen im Lüneburgischen hatte sich dem preussischen Kommissar widersetzt. Hier war ein strenges Einschreiten nötig: es wurde sogleich eine Abteilung Soldaten nach Eissen gesandt, mit dem Befehle, den widerspenstigen Beamten seiner Stelle zu entsetzen und das Amt provisorisch einem Amtsschreiber zu übertragen.

Am 8. April — gleich nach der Besitznahme des Landes — wurde von Schulenburg die gänzliche Auflösung des hannoverschen Staatsministeriums und der sämtlichen Ministerial-Departements, einschliesslich des Justizdepartements, welches während der französischen Okkupation völlig intakt geblieben war, verfügt. Die

---

[1]) Schon am 1. März 1806 hatten die Minister in Hannover an Münster geschrieben, es sei nicht zu bezweifeln, dass die ganze Staatsdienerschaft förmlich unter den Befehl der preussischen Administration gestellt werden würde. Sie bäten deshalb um eine huldreiche Deklaration Georgs III., dass er dasjenige, wozu die Dienerschaft „nach ihrem besten Wissen und Gewissen sich bewogen finden würde", ihr nicht als eine Verletzung ihrer Dienst- und Huldigungspflichten anrechnen, noch sonst zur Verantwortlichkeit gedeihen lassen wolle. Georg III. sandte in der That am 18. März eine solche Deklaration nach Hannover, welche dort am 28. März ankam. Am 29. März eröffneten die Minister dann den Behörden, dass die Unterschreibung des Reverses unbedenklich sei.

Landesbehörden wurden angewiesen, alle Gegenstände, zu welchen bisher Einwirkung, Genehmigung oder Verfügung des Staatsministeriums erforderlich gewesen war, direkt an die Administrations-Kommission, oder wie sie jetzt hiess: „Königliche Administrations- und Organisations-Kommission der Königlich Preussischen Hannöverschen Provinzen", gelangen zu lassen.

Da es aber nicht thunlich schien, die preussische Kommission mit dem Detail der Departementsgeschäfte zu belasten, so wurde unter dem 11. April aus den Referenten der Ministerial-Departements, den Kabinettsräten und Geh. Kanzleisekretären, ein Kollegium als Provinzialregierung für die Fürstentümer Calenberg-Grubenhagen und Lüneburg und die Grafschaften Hoya und Diepholz entsprechend den bereits bestehenden Provinzialregierungen zu Stade, Ratzeburg und Osnabrück gebildet. Am 19. Mai erhielt das „Regierungskollegium" eine umfassende Instruktion von dem Präsidenten von Ingersleben. Aus derselben ist hervorzuheben, dass der Geschäftskreis des Regierungskollegiums, abgesehen von der Einschränkung auf die genannten vier altwelfischen Provinzen, sich im wesentlichen mit dem der vormaligen Ministerial-Departements decken sollte. Nur einzelne Gegenstände, wie die Konsistorial- und Universitätsangelegenheiten[1]) wurden ausschliesslich der preussischen Kommission vorbehalten, ebenso alle bisher vor das Ressort des Justizdepartements

---

[1]) Aus einem Berichte Schulenburgs vom 27. Juni entnehmen wir, dass Friedrich Wilhelm III. an jenen geschrieben hatte, es scheine auf alle Fälle geraten, den Vortrag der Universitätssachen bei dem Kuratorio — zum Kurator war, da Schulenburg abgelehnt hatte, provisorisch Ingersleben ernannt worden — dem Geh. Kabinettsrat Brandes zu übertragen, weil derselbe vorhin dieses Amt gehabt, mit Genugthuung verwaltet und davon die vollständigste Kenntnis habe. Schulenburg bemerkt in dem erwähnten Berichte dawider, dass die Universitätssachen, soweit sie die Professoren beträfen, bereits von dem Geheimen Oberfinanzrat Wilckens besonders bearbeitet würden, welcher deswegen mit Brandes Rücksprache nehme. Es sei bedenklich, jetzt Brandes den Vortrag allein zu übertragen. So gern er (Schulenburg) für seine Person den ausgebreiteten Kenntnissen und Fähigkeiten des Kabinettsrats Gerechtigkeit widerfahren lasse, so sei doch eine grosse Majorität im Publikum der Meinung, dass Brandes „durch eine gewisse Ordens- oder Sektenanhänglichkeit wenigstens den Schein und Verdacht einer Parteilichkeit und des Intriguengeistes auf sich geworfen habe". Dass Brandes die krummen Wege den geraden vorziehe, wisse er aus eigener Erfahrung. — Was dies für Erfahrungen waren, ist mir nicht bekannt. Meines Erachtens urteilt Schulenburg über Brandes ein wenig zu hart. Friedrich Wilhelm III. erwiderte übrigens jenem am 3. Juli: er wolle es Schulenburg überlassen, ob Brandes die Universitätsangelegenheiten allein bei dem Kuratorio bearbeiten oder ob dem letzteren noch ein Mitglied der Kommission, das die erforderlichen Eigenschaften besitze, beigegeben werden solle.

gehörigen Sachen¹). Im übrigen durfte das Regierungskollegium oder die Regierung alle Geschäfte selbständig erledigen, welche verfassungsmässig keiner höheren Sanktion bedurften. Alle Sachen aber, wozu bisher die ausdrückliche Genehmigung entweder des gesamten Staatsministeriums oder auch nur eines einzelnen Ministers erfordert worden war, sollten der Administrations-Kommission zur Kenntnisnahme, Bestätigung oder Entscheidung vorgelegt werden.

Zur Erleichterung der Geschäfte sollte das Regierungskollegium in drei Abteilungen oder Senate gegliedert werden. Der erste Senat sollte die Polizei- und Städte-, Cellesche Benefizial- und Kloster-, Grenz- und Hoheits-, Justiz-, Zoll- und Abschosssachen, die Hohnsteinschen Sachen und Hamelnschen Schleusesachen unter sich haben. Dem zweiten Senate waren die Harz-, Münz-, Allodial-, Intelligenz-Kontor-, Wegebau-, Lotterie-, Landesökonomie- und Salinenangelegenheiten zugewiesen. Vor den dritten Senat endlich sollten die Licent- und Kontributionssachen, die Lehensachen, die calenbergischen Klostersachen, die Schulsachen, die Stift Ilfeldischen Sachen und die Marsch- und Einquartierungssachen gehören.

Den Vorsitz im Plenum der Regierung sollte der älteste Kabinettsrat (Nieper) führen, der Spezialvorsitz in den einzelnen Senaten je einem der 3 Kabinettsräte (Nieper, Patje, Brandes) zufallen. Jeder Kabinettsrat hatte in den sämtlichen Senaten Sitz und Stimme, während den Kanzleisekretären nach wie vor bloss ein votum consultativum zukam.

Die hannoverschen Minister wurden ausdrücklich von dem Beitritte zur Regierung ausgeschlossen. Ebensowenig ward ihnen gestattet an den Sitzungen der übrigen höheren Landes-Kollegien teilzunehmen²). Die Minister konnten unter diesen Umständen

---

¹) Da „die Vereinigung der Justizsachen mit den allgemeinen und besonderen Administrations- und Organisations-Gegenständen, welche die Kommission in ihren Vorträgen und Sitzungen bearbeitete und näher verfügte, teils zu einem unnötigen Zeitverluste für viele ihrer Mitglieder, teils zu einer Verzögerung in den übrigen Geschäften Anlass gab", wurde in den ersten Maitagen aus den Mitgliedern der Administrations-Kommission, welche zum Justizfache gehörten, ein besonderes Komitee für die Justizsachen unter dem Namen „Justizdeputation der Administrations- und Organisations-Kommission" gebildet. Zu dieser Deputation wurde „aus besonderen Gründen" auch der hannoversche Geh. Kabinettsrat Wackerhagen zugezogen.

²) In dem Schreiben der Administrations-Kommission an die hannoverschen Minister vom 8. April, in welchem die förmliche Besitznahme des Kurfürstentums angekündigt wurde, hiess es u. a.: „Ew. erleuchteten Einsicht wird es zugleich nicht entgehen, dass unter diesen Umständen nicht nur das bisherige hannöversche Staatsministerium als solches aufhört, sondern auch, dass die Funktionen der

während der preussischen Besitznahme auf die Verwaltung des Landes auch nicht entfernt denjenigen Einfluss ausüben, welchen sie während der französischen Okkupation bewahrt hatten. Sie suchten darum in London um die Erlaubnis nach, „während der jetzigen Geschäftslosigkeit sich auf eine Zeit lang von Hannover entfernen und einer Aufheiterung geniessen" zu dürfen. Diese Erlaubnis wurde den Ministern bereitwillig erteilt; nur wünschte der Graf von Münster in London, dass einer seiner Kollegen wegen der Unterhaltung der Korrespondenz in der Residenzstadt verbleiben möge [1]).

Um sicher zu gehen, „dass man die Geschäfte fortführe, ohne dass dem Allerhöchsten Interesse Sr. Majestät des Königs von Preussen im allgemeinen und den Absichten und Verfügungen der Administrations-Kommission entgegengearbeitet werde", ward preussischerseits angeordnet, dass dem neu eingerichteten Regierungskollegium zu Hannover und den übrigen höheren Verwaltungsbehörden im Lande, als der Kammer, der Kriegskanzlei, dem Konsistorium zu Hannover und den Provinzialregierungen zu Stade, Ratzeburg und Osnabrück von Anfang Mai an preussische Kommissäre zur Kontrole beigegeben werden sollten. Für jedes der genannten Kollegia wurde ein preussischer Rat ernannt [2]), welcher zwar nicht einen integrierenden Teil desselben ausmachen sollte, aber den Versammlungen beliebig beiwohnen durfte und alle Konzepte vor der Ausfertigung mit seinem „vidi" zu versehen hatte. Die ständigen Kommissäre erhielten von Schulenburg eine eingehende Instruktion. Wir heben aus derselben hervor, dass die Verantwortlichkeit für „das Materiale in den Geschäften" den betreffenden Kollegien bleiben sollte. Die Kommissäre sollten bei der Unterzeichnung der Konzepte weder sich „einer ängstlichen Beurteilung derselben unterziehen," noch sich „bei Veränderungen von Form und Fassung aufhalten". Wenn aber

---

Herrn Ministers qua tales überhaupt, mithin auch in den Departements und sonsten ganz wegfallen."

[1]) Münster an das Ministerium in Hannover, London, 20. Juni.

[2]) Beständiger Kommissar bei dem Kammerkollegium war der Geheime Oberrechnungsrat Graf von Schulenburg, bei der Provinzialregierung zu Hannover der Kammerdirektor Heyer, bei dem Konsistorium zu Hannover der Geheime Regierungsrat von Bülow, bei der Kriegskanzlei der Oberrechnungskammer-Direktor Schönn, bei dem Landesdeputations-Kollegium der Geheime Oberrechnungsrat Gieseke, bei der Regierung und dem Konsistorium zu Stade der Regierungsrat Albrecht, bei der Regierung und dem Konsistorium zu Ratzeburg der Regierungsrat Höning und endlich bei der Regierung, der Justizkanzlei und dem Konsistorium zu Osnabrück der Kriegsrat Delius. Im Laufe der preussischen Okkupation traten jedoch mancherlei Änderungen ein.

Gegenstände vorkamen, welche zu unterzeichnen in materieller Hinsicht bedenklich schien, so hatten jene die Sache näher zu untersuchen und eventuell ihr Visa zu verweigern. In diesem Falle hatten sie sofort an die Administrations- und Organisations-Kommission zu berichten und bis zum Eingang des Bescheides das Mundieren des Konzeptes zu verhindern.

Besondere Kommissäre wurden für das Bergwesen und das Salinenwesen ernannt, für jenes der Geheime Oberbergrat Gerhard, für dieses der Kriegs- und Domänenrat Meyer. Von der Entsendung preussischer Räte in die landschaftlichen Kollegia sah man vorläufig ab. Nur dem Landesdeputations-Kollegium wurde ein solcher zugewiesen.

Was das Landesdeputations-Kollegium anbetrifft, so büsste es seit der preussischen Besitznahme viel von der Bedeutung ein, welche es während der französischen Okkupation gehabt hatte. Bis zum April war es allerdings diejenige Behörde gewesen, welche die gesamte Korrespondenz mit der preussischen Kommission geführt und deren Befehle und Anweisungen den übrigen hannoverschen Behörden übermittelt hatte. Diese Korrespondenz hörte indessen mit der Besitznahme des Landes auf; an ihre Stelle traten unmittelbare Verfügungen der Administrations-Kommission an die verschiedenen hannoverschen Landeskollegien. Was dem Landesdeputations-Kollegium an Geschäften verblieb, war, neben den Marsch-, Verpflegungs- und Einquartierungssachen der preussischen Truppen in Hannover, die Bearbeitung des gemeinschaftlichen ständischen Schuldenwesens und die völlige Abtragung der aus der französischen Okkupation herrührenden Rückstände. — Preussischerseits wurde gleich nach der Besitznahme die Absicht ausgesprochen, das Landesdeputations-Kollegium, sobald das Schuldenwesen einigermassen geordnet sei, aufzulösen und seine Geschäfte vor die Administrations-Kommission zu ziehen. Um die Aufhebung vorzubereiten, trug Schulenburg dem Landesdeputations-Kollegium auf, einen und den anderen geeigneten Deputierten abzuordnen, um einige hierzu ausgewählte Mitglieder der preussischen Kommission über die Verfassung und die Geschäfte des Kollegiums auf das Genaueste zu unterrichten[1]). — Später wurde auf preussischer Seite beschlossen, die Marsch-, Verpflegungs- und Einquartierungssachen

---

[1]) Auch die Kammer und die Regierung mussten Deputierte ernennen, welche wöchentlich einmal den Sitzungen der Administrations-Kommission beizuwohnen hatten, um erforderlichenfalls mündliche Erläuterungen und Aufschlüsse geben zu können. Von Seiten der Kammer wurde zu diesem Zwecke Patje, von Seiten der Regierung Nieper und von Seiten des Landesdeputations-Kollegiums von Meding abgeordnet.

der Kriegskanzlei zu übertragen. Die Administrations- und Organisations-Kommission kündigte diesen Beschluss dem Landesdeputations-Kollegium in einem Schreiben vom 8. Oktober an und forderte zugleich Auskunft darüber, „welche Mitglieder des Kollegiums von dem Zeitpunkte an ausscheiden könnten, wo jene Massregel vor sich gehe, und welche dagegen notwendigerweise so lange beibehalten werden müssten, bis das gemeinschaftliche Schuldenwesen der Stände völlig geordnet und der Anteil der einzelnen Landschaften an der ganzen Schuldenmasse genau ausgemittelt sei". Sobald es irgend angehe, solle das Landesdeputations-Kollegium gänzlich aufgelöst werden. Diese Massregel, meinte die preussische Kommission, könne dem Lande nur zum Vorteile gereichen, da man alsdann die beträchtlichen Sustentationskosten des Kollegiums erspare. Eine noch weit grössere Ersparung werde die gleichfalls geplante Aufhebung der zu Anfang der französischen Okkupation eingesetzten und noch immer bestehenden Provinzialdeputations-Kollegien bringen. Das Landesdeputations-Kollegium solle diesen ihre demnächstige Auflösung kundgeben und sie auffordern, die etwa noch rückständigen Liquidationsgeschäfte völlig in das Reine zu bringen.

Das Landesdeputations-Kollegium erhob gegen die beabsichtigte Aufhebung nachdrückliche Vorstellungen. Es würde ein Eingriff in die Verfassung des Landes sein, antwortete es auf das Schreiben der preussischen Kommission, wenn die Einquartierungs-, Marsch- und Verpflegungssachen samt und sonders der Kriegskanzlei übertragen würden. Nach der Verfassung des Kurfürstentums habe die Kriegskanzlei die Marsch- und Einquartierungssachen in Konkurrenz mit dem Staatsministerium besorgt. Verpflegungs- und Lieferungssachen hätten überhaupt nie zum Ressort der Kriegskanzlei gehört, sondern seien stets von dem Staatsministerium und den Provinzialständen gemeinschaftlich behandelt und von besonderen Kommissären (Kriegskommissariat) ausgeführt worden. Was den Kostenpunkt anbelange, so würde die erwartete Ersparnis keine grosse sein. Namentlich könne die Aufhebung der Provinzialdeputations-Kollegien eine solche nicht im Gefolge führen. Denn alsdann würden entweder die landschaftlichen Kollegien ständig tagen müssen, oder es müssten doch ständige Ausschüsse formiert werden, wenn anders die Geschäfte, welche zum Wirkungskreise der einzelnen Landschaften gehörten, ordnungsmässig besorgt werden sollten. — Diese Vorstellung wurde der Administrations-Kommission am 17. Oktober übergeben. Da die preussische Okkupation wenige Tage nachher ihr Ende erreichte, konnte die Aufhebung des Landesdeputations-Kollegiums nicht mehr stattfinden.

Im vorstehenden ist bereits von der Thätigkeit der Administrations-Kommission als der höchsten Regierungsbehörde mehrfach die Rede gewesen. Ihrer Aufgabe, die Verwaltung des Kurfürstentums zum Wohle des Landes zu führen, ist sie redlich und in der uneigennützigsten Weise nachgekommen. Wiederholt ist sie warm für das Interesse des hannoverschen Landes eingetreten. Dasselbe lässt sich von dem Grafen von Schulenburg sagen. Als König Friedrich Wilhelm dem letzteren durch eine Kabinettsordre vom 31. Mai zu erkennen gab, dass die Generalbalance des General-Kriegs- und Domänen-Kassenetats pro 1806/07 einen Ausfall von 412 770 ₰ aufweise, hauptsächlich infolge des Fortfalls der ansbachischen und cleveschen Einkünfte, und dass dieser Ausfall schon jetzt aus hannoverschen Einkünften gedeckt werden müsse, verwandte sich Schulenburg zu Gunsten des unglücklichen Landes. Er antwortete dem Könige (4. Juni): Es sei gewiss sein Wunsch, und sein ganzes Bestreben sei darauf gerichtet, die Finanzen der hannoverschen Lande baldmöglichst so zu ordnen, dass den Staatseinkünften dadurch ein angemessener und bedeutender Zuschuss erwachse. Auch der Administrations-Kommission habe er diesen Punkt gehörig eingeschärft. Er würde aber glauben sich verantwortlich zu machen und das in ihn gesetzte königliche Vertrauen nicht zu verdienen, wenn er bei einer solchen Veranlassung die wahre Lage des Landes verschweigen wollte.

Die hannoverschen Lande seien drei Jahre von einem Feinde besetzt gewesen, der es verstehe, auch den letzten Groschen zu nehmen. Die Provinzen seien daher völlig ausgesogen und ausgehungert. Da überdies in den letzten Jahren die Ernten fast nirgends gut geraten seien, so sei in manchen Gegenden die Not so gross, dass die Bauern auswandern wollten, und er seine ganze Sorgfalt darauf richten müsse eine Hungersnot zu verhüten. Man würde dem Unterthan seinen letzten Rock und seine letzte Kuh nehmen müssen, aber kein Geld von ihm erhalten können, weil nichts da sei. — Vielleicht erwarte der König einen bedeutenden Überschuss von den Domänen? Dieselben könnten solchen nicht gewähren, weil die Franzosen einen grossen Teil der Pachtgelder pro 1806/7 im voraus erhoben hätten. Ausserdem seien manche, höchst dringende Ausgaben während der französischen Zeit nicht bestritten worden, müssten daher jetzt nachgeholt werden. Insbesondere sei in den nächsten Monaten eine Wechselschuld von 175 000 ₰ Kassengeld aus den Domanialeinkünften zu decken, mit welcher im September 1805 die Kosten des Abzugs der Bernadotteschen Armee bezahlt worden seien.

„Nach diesem allen", hiess es weiter, „ist die Lage der Sache hier so angethan, dass Ew. Königl. Majestät dieses Land keineswegs für eine in dem ersten Augenblick Revenuen bringende Erwerbung betrachten können, vielmehr erfordert solche noch Ausgaben und Kosten, vorzüglich aber Schonung, damit sich das Land wieder erhole, und der Unterthan in stand gesetzt werde seine Abgaben zu leisten. — Ich muss Ew. Kgl. Majestät allerunterthänigst bitten, für das Jahr 1806,7 aus dem Hannoverschen gar keine Revenuen zu erwarten. Es wird grosse Aufmerksamkeit und Sparsamkeit erfordert werden, um die kurrenten und nicht zu vermeidenden Ausgaben des Landes zu bestreiten."

Dass Schulenburg so warm für das hannoversche Land eintrat, ist ihm um so höher anzurechnen, als die Hannoveraner das keineswegs um ihn verdienten. Sie hatten ihn vielmehr bei der ersten Besetzung des Kurfürstentums durch Preussen im Jahre 1801, wo er ebenfalls die Okkupationstruppen kommandiert hatte, auf eine sehr unfreundliche und geradezu beleidigende Weise behandelt [1]), und begegneten ihm auch jetzt durchweg mit verletzender Kälte.

Dem König Friedrich Wilhelm gereicht es seinerseits zu Ruhm und Ehre, dass er auf die Vorstellungen Schulenburgs sogleich von jenem Verlangen abstand, so dringend notwendig es für den preussischen Finanzhaushalt auch sein mochte, für den Wegfall der ansbachischen und cleveschen Einkünfte durch die neuerworbenen Gebietsteile entschädigt zu werden. — Thatsächlich sind während der preussischen Okkupation die gesamten Einkünfte des Kurfürstentums fast ausschliesslich zum Besten des Landes selbst verwandt worden. Ausgaben, wie die für Ausbesserung der Festungswerke zu Hameln und Nienburg wurden aus den altpreussischen Kassen bestritten. So viel sich aus den Akten ersehen lässt, ist ausser der Ausgabe für die dem preussischen Militär zu liefernde rauhe Fourage[2]), welche monatlich etwa 10 000 ℳ betrug, und dem Zuschuss zum Solde über den Friedensetat von dem Lande nichts an Preussen gezahlt worden.

Es war auch keine blosse Redensart, wenn Schulenburg in dem oben erwähnten Berichte behauptete, es geschehe von preussischer Seite alles, um die hannoverschen Finanzen, welche durch die französische Okkupation in die grösste Verwirrung geraten waren, zu heben. Die Administrations- und Organisations-Kommission liess es sich in dieser Hinsicht namentlich angelegen sein, die bedeutenden Wechsel- und Kommissariatsschulden, welche noch aus der französischen Zeit her rückständig waren und mit 9—10 % verzinst

---
[1]) Vgl. Ompteda, Politischer Nachlass I, Nr. 24.
[2]) Brot und glatte Fourage wurden aus den preussischen Magazinen geliefert.

werden mussten, zu tilgen. Anfänglich trug sie sich mit dem Plane, von dem Könige für jene Schulden ein Moratorium zu erwirken. Am 16. April forderte sie von der Regierung ein wohldurchdachtes Gutachten, ob „es nicht notwendig und selbst nach rechtlichen Grundsätzen zulässig sei, in Hinsicht auf die gegenwärtige Insufficienz sämtlicher Landeskassen, ihren Verbindlichkeiten in Ansehung der fälligen oder fällig werdenden Kapitalzahlungen ein Genüge zu leisten, für selbige bei des Königs Majestät auf Erteilung eines moratorii generalis auf 2—3 Jahre anzutragen". Das Regierungskollegium und ebenso das Landesdeputations - Kollegium, mit welchem das erstere über diese Frage in Kommunikation trat, waren aber der sehr richtigen Ansicht, dass ein solches Moratorium den schädlichsten Einfluss auf den Kredit der Landeskassen, den Geldumlauf und die Erhaltung der Erwerbsquellen haben werde, und rieten daher auf das Entschiedenste von jener Massregel ab.

Die preussische Kommission schlug nun einen anderen Weg zur Tilgung der oben genannten Schulden und Rückstände ein. Es wurde ein Amortisationsplan entworfen (23. Mai), nach welchem in dem Zeitraum vom 1. Juni bis zum 30. September an Wechsel-, Verschreibungs- und Kommissariatsschulden, sowie rückständigen Administrationskosten 317 603 ℳ 17 ₰ 1 ₰ abgetragen werden sollten. Davon sollte die Kammerkasse die 175 000 ℳ übernehmen, welche der Marschall Bernadotte bei seinem Abzuge nach Süddeutschland von den Ständen erpresst hatte[1]); den Rest sollten die landschaftlichen Kassen tragen: was nach dem 30. September rückständig bleiben würde — etwa 70 000 ℳ — sollte dann bis zum Ende des Jahres abgetragen werden. — Es verdient hervorgehoben zu werden, dass die Administrations-Kommission dieses Ziel zu erreichen suchte, ohne dem erschöpften Lande neue ausserordentliche Steuern aufzulegen. Nichts charakterisiert das milde Regiment der Administrations-Kommission besser als der Umstand, dass während der ganzen preussischen Okkupation keinerlei neue Steuern, Naturallieferungen oder sonstige ausserordentliche Abgaben ausgeschrieben worden sind[2]).

---

[1]) Bernadotte hatte damals den Ständen die schriftliche Zusicherung erteilt, die 175 000 ℳ sollten in kurzer Frist aus dem Ertrage eines auf 1 600 000 Fr. veranschlagten ausserordentlichen Holzhiebes in den landesherrlichen Forsten erstattet werden.

[2]) Soviel man sehen kann, sind in den meisten Landschaften die im Jahre 1805 ausgeschriebenen Kriegssteuern während der preussischen Okkupation nicht mehr erhoben worden. Nur im Lüneburgischen sah man sich genötigt die interimistische, monatliche Kriegssteuer fortdauern zu lassen; aber auch hier verringerte man die bisher entrichteten Beiträge um ein Drittel. (Ausschreiben der Provinzialregierung vom 18. August, Hannöv. Anzeigen St. 68.) Und da behauptet

Sollte man es glauben, dass die Administrations- und Organisations-Kommission für die Not des hannoverschen Militärs, welches aus der Zeit der französischen Okkupation noch bedeutende Rückstände zu fordern hatte, mehr Teilnahme und ein wärmeres Herz bewiesen habe, als die hannoverschen Behörden? Wirklich ist dem so! Nach dem Abzuge des Bernadotteschen Armeekorps hatte das hannoversche Ministerium mit den Provinzialständen die Vereinbarung getroffen, dass die Landschaften statt des ordnungsmässigen jährlichen Beitrages an die Kriegskanzlei von 1 010 018 ℳ bis auf weiteres monatlich bloss 30 000 ℳ zahlen sollten. Es stellte sich aber bald heraus, dass die Kriegskanzlei mit dieser bescheidenen Summe nicht einmal die laufenden Ausgaben für das hannoversche Militär, geschweige denn die aus der Zeit der ersten Okkupation rückständigen Pensionen und Wartegelder berichtigen konnte[1]). Die preussische Kommission schrieb darum am 11. August an das Landesdeputations-Kollegium, bei der Notlage der landschaftlichen Kassen wolle sie zwar keineswegs die volle Zahlung des jährlichen Kontingents von 1 010 018 ℳ fordern; so viel müsse sie indessen verlangen, dass vom 1. Oktober an, wo nach Massgabe des Amortisationsplanes der grösste Teil der am meisten drückenden Schulden und Rückstände abgetragen und die landschaftlichen Kassen mithin merklich erleichtert sein würden, monatlich mindestens 50 000 ℳ an die Kriegskasse zur Ablieferung kämen. Die drückende Lage der hannoverschen Soldaten, ja selbst Billigkeit, Staatsinteresse und Gerechtigkeit erforderten die endliche Berichtigung jener Rückstände.

Das Landesdeputations-Kollegium zeigte sich aber wenig geneigt, die wohlthätige Absicht der Administrations- und Organisations-Kommission zu befördern. Es bat in seiner Antwort (30. August), man möge angesichts der erschöpften Lage des Landes es mindestens bis zum Eintritte günstigerer Zeiten bei dem Beitrage von 30 000 ℳ für den Monat bewenden lassen. — Die preussische Kommission erklärte darauf (6. Sept.), sie wolle das geforderte Quantum auf 45 000 ℳ ermässigen, dabei müsse es aber auch bleiben.

Heinemann (III, 382), die Abgaben seien während der preussischen Okkupation gewachsen.

[1]) Insgesamt beanspruchte das ausser Dienst befindliche hannoversche Militär jährlich die Summe von 419 484 ℳ 26 gr 2 ₰, also monatlich fast 35 000 ℳ. Die Gagen der noch vorhandenen Offiziere vom hannoverschen Korps, die Wartegelder für Unteroffiziere und Mannschaften, nebst den Gnadengeldern für Offiziere und deren Witwen und Töchter betrugen 296 896 ℳ 26 gr 2 ₰. Dazu kamen die aus der hannoverschen Hospital- und Invalidenkasse erfolgenden Gnadengehälter für die hannoverschen Invaliden mit 122 588 ℳ.

Um die gleiche Zeit führte die Administrations-Kommission Verhandlungen mit der osnabrückschen Landschaft, welche den Beitrag derselben zu der Kriegskasse regeln sollten. Nach der Vereinigung von Osnabrück mit Hannover hatten die Landstände des Fürstentums sich am 6. April 1803 verpflichtet, jährlich 120 000 ℳ „ad statum militiae" zu bezahlen. In den ersten Monaten der preussischen Okkupation hatten sie aber bloss die Summe von 3029 ℳ Kassenmünze nach Hannover geliefert. Jetzt, bei den Verhandlungen mit der Administrations-Kommission, erboten sie sich (29. Sept.), diese Summe bis auf 5000 ℳ Konventionsmünze zu erhöhen. Zu einem Abkommen scheint es nicht mehr gekommen zu sein.

Besondere Aufmerksamkeit wandte man preussischerseits dem hannoverschen Kassenwesen zu. Gleich nach der Besitznahme des Landes war von Schulenburg die Einrichtung getroffen worden, dass alle Kassen, welche bisher unter dem Ministerium, resp. den Departements gestanden hatten, hinfort allein von der Administrations-Kommission ressortieren sollten. Desgleichen war bestimmt worden (2. April), dass ohne vorherige Genehmigung der preussischen Behörde keine extraordinäre Geldzahlung, sie sei noch so gering, aus den öffentlichen Kassen geschehen dürfe. Unter dem 16. April wurde ferner festgesetzt, dass ohne Vorwissen und Genehmigung der Kommission keinerlei Auszahlung von Gehältern und Pensionen an solche Personen stattfinden dürfe, welche ihren Aufenthalt im Auslande hätten. Im Mai wurde allen Domanial-, Amts- und Zollrecepturen der Befehl gegeben, „ihre Überschüsse nicht wie sonst vierteljährlich unter Zurückbehaltung ansehnlicher Vorschüsse sub sperati, sondern ohne den geringsten Abzug von Monat zu Monat an die Kammerkasse abzuliefern"[1]). — Die Administrations-Kommission suchte sich daneben durch geforderte Berichte auf das genaueste über alle landesherrlichen und landständischen Kassen zu unterrichten. Am 5. April bestimmte Schulenburg, dass jener monatlich Kassenextrakte von den Rechnungsführern der öffentlichen Kassen eingereicht werden sollten, welche übersichtlich und nach der preussischen Form

---

[1]) Gleichwohl musste Schulenburg noch am 1. Juni in einem Schreiben an die Administrations-Kommission darüber Klage führen, dass die Kammer die Verfügung, wonach ohne Genehmigung der preussischen Behörde keine extraordinäre Ausgabe geschehen solle, dadurch zu vereiteln suche, dass sie jene Ausgaben von den zur Kammerkasse einzusendenden Überschüssen der Ämter abrechnen und in den Amtsregistern verrechnen lasse. Diese unerlaubten Auszahlungen sollten derart ins Grosse gehen, dass der Kammerkasse fast alle Domanialeinkünfte entzogen würden.

einzurichten seien. Auch sollten von Monat zu Monat Kassenrevisionen stattfinden.

Am 25. Juli gab die preussische Kommission der Regierung die Absicht kund, „demnächst mit Fertigung der Etats für alle landesherrlichen und anderen öffentlichen Kassen in den hannoverschen Provinzen, als einer notwendigen Massregel zur ordentlichen Verwaltung und Verwendung öffentlicher Gelder und Landesprodukte nach den solcherhalb in den älteren preussischen Staaten stattfindenden Grundsätzen nach und nach vorzuschreiten." Für eine Anzahl von Kassen ist wirklich der Etat für das Jahr 1806/7 aufgestellt worden: eine bislang im hannoverschen Finanzwesen unbekannte Einrichtung. Zur allgemeinen Durchführung dieser Massregel konnte es aber bei der kurzen Dauer der preussischen Okkupation nicht kommen.

Die preussische Behörde war aber weit entfernt, ihre Aufmerksamkeit auf das hannoversche Finanz- und Kammerwesen zu beschränken. Im Gegenteil, da war kein Gebiet der Verfassung, kein Zweig der öffentlichen Verwaltung, über welchen sie sich nicht auf das Sorgfältigste und Eingehendste zu unterrichten gesucht hätte. Die Zahl der Berichte, welche die Kommission zu diesem Zwecke von den hannoverschen Behörden forderte, ist eine ungemein grosse. So verlangte sie unter anderem am 16. April eine Darstellung der Ressortverhältnisse der verschiedenen oberen und niederen Landesbehörden, am 12. Mai einen erschöpfenden Bericht über die verschiedenen geistlichen und weltlichen Gerichtsbarkeiten im Lande und deren gegenseitiges Verhältnis, über die Fonds zur Unterhaltung der Rechtspflege und über das Sportelwesen. Ein anderes Mal (6. Mai) forderte sie eine Nachweisung der bislang im Kurfürstentum vorgenommenen Gemeinheitsteilungen, wieder ein anderes Mal (18. Mai) einen Bericht über das Einquartierungs- und Serviswesen. Es würde zu weit führen, wollten wir auf diese Berichte näher eingehen oder sie auch nur alle aufzählen.

Erwähnt sei, dass die Administrations- und Organisations-Kommission keineswegs bei den Nachforschungen über Verfassung und Verwaltung des Landes stehen blieb, sondern sich auch detaillierte statistische Kenntnisse zu verschaffen strebte. Es wurden von ihr mehrere „statistische Tableaus" entworfen, welche den verschiedenen Behörden des Landes zur Ausfüllung zugingen. Tableau A handelte im allgemeinen von der Lage, den Grenzen, dem Flächeninhalte und der physischen Beschaffenheit einer jeden Provinz; Tableau B bezog sich auf die Ortschaften und die Volksmenge, Tableau C auf den Viehstand, Tableau D auf die natürlichen

Produkte aus dem Pflanzen-, Tier- und Mineralreiche und endlich Tableau E auf den Kunstfleiss, den Handel, die Fabriken und die Manufakturen des Kurfürstentums. — Das Regierungskollegium zu Hannover bemerkte in einem Berichte vom 2. September dazu ganz richtig, diese Sache fasse im Grunde die Verfertigung einer Statistik der hannoverschen Provinzen in sich. Die Ausführung werde sehr schwierig sein, da die Materialien grossenteils erst gesammelt werden müssten. Die etwa früher zu gleichem Zwecke gemachten Anläufe und Versuche seien nie zu Ende geführt, die eingezogenen Nachrichten auch längst wieder veraltet, so dass ganz von neuem begonnen werden müsse. — Übrigens ging die Regierung mit Eifer auf die Sache, deren grosser Nutzen einleuchtend war, ein. Doch sind während der preussischen Okkupation keine Berichte mehr eingegangen, und nachher blieb die Sache liegen.

Wenn die Administrations- und Organisations-Kommission dergestalt sich bemühte, das Kurfürstentum auf das genaueste kennen zu lernen, so war dabei der leitende Gedanke, bei der demnächstigen Organisation Hannovers mit voller Sachkenntnis verfahren zu können und eine sichere Grundlage für dieselbe zu gewinnen. Wir finden diesen Gedanken mehrfach in den Berichten Schulenburgs ausgesprochen. So schrieb der Graf am 17. März an den König: mit Ausnahme einzelner Gegenstände griffen sämtliche Zweige der Verwaltung zu tief in die verwickelte Landesverfassung und das Schuldenwesen ein, als dass man vorerst etwas anderes thun könnte, als sich genau von allem zu unterrichten, um nicht lauter Verwirrung anzurichten und einzureissen, ehe man wieder aufzubauen vermöge. — An die Administrations-Kommission schrieb Schulenburg am 5. April, was die Organisation des Kurfürstentums betreffe, so könne davon im allgemeinen die Rede noch nicht sein; denn diese müsse durch die vorangehende Administration erst so weit vorbereitet werden, dass ein zweckmässiger Plan gemacht werden könne, auf den die Organisation selbst sich gründen lasse. — Und am 4. Juni berichtete Schulenburg nach Berlin, die Organisation der hannoverschen Lande werde sich nicht rasch betreiben lassen; denn das Hannoversche bestehe aus vielen verschiedenen Provinzen, von denen mehrere erst successive hinzugekommen seien. Diese hätten daher ihre besondere, sehr verwickelte Verfassung, welche man zunächst genau kennen lernen müsse. Auch liege noch ein anderer Grund vor, weshalb die Organisation Hannovers langsamer von statten gehen werde, als es bei den früher erhaltenen Entschädigungsprovinzen der Fall gewesen sei. Dort habe man, wenn die frühere Geschäftsführung auch nicht zu rühmen gewesen sei, die Akten und

Papiere vollständig vorgefunden. Hier müsse man diese aber entbehren, weil das hannoversche Staatsministerium einen Teil der Akten bereits bei dem Beginne der französischen Okkupation in das Mecklenburgsche gebracht und von dort nach England befördert, und ausserdem der Graf von Münster bei seiner Abreise nach England im Februar 1806 die wichtigsten und nötigsten Papiere mit sich genommen habe.

Die völlige Organisation der hannoverschen Provinzen gedachte man preussischerseits erst nach der endgültigen Erwerbung derselben in dem allgemeinen Frieden vorzunehmen. Um jedoch den Hannoveranern zu zeigen, „dass die Besitznahme ernstlich und dauernd sein solle und an eine Zurückgabe und Abtretung des Landes nicht zu denken sei", hielt man es für notwendig, gleich nach der Besitznahme einige Gegenstände, „welche nicht in die Verfassung eingriffen und darin nichts änderten", auf preussischem Fusse einzurichten. Schulenburg empfahl zu solchem Zwecke in einem Immediatberichte vom 13. März in erster Linie das Postwesen. Hier sei eine Reform, meinte er, um so nützlicher und notwendiger, als das Postwesen sich nichts weniger als im besten Zustand befinde, sondern viele Missbräuche aufweise. — Ferner sei die Organisation des Gestütswesens vorzuschlagen, welche für Hannover um so wichtiger sei, als in den letzten Jahren, wo die Franzosen eine grosse Menge der besten Pferde aus dem Lande entnommen hätten, nicht nur der Pferdebestand, sondern auch die Pferdezucht sehr gelitten habe. Ein dritter Gegenstand sei das bei Hildesheim belegene Kloster Marienrode, welches von Rechtswegen zu dem preussischen Fürstentume Hildesheim gehöre. Die hannoversche Regierung habe den Besitz von Marienrode ganz unbefugter Weise nach dem westfälischen Frieden[1]) usurpiert, indem sie einen Abt des gedachten Klosters, welcher sich einer Mordthat schuldig gemacht und von dem Fürstbischofe von Hildesheim nach Gebühr habe gestraft werden sollen, unter ihren Schutz genommen habe. Er (Schulenburg) finde gar kein Bedenken dabei, das Kloster sofort nach der erfolgten Besitznahme aufzuheben, wie es seinerzeit (1801/2) auch mit den übrigen katholischen Klöstern im Fürstentume Hildesheim geschehen sei.

Die Schulenburgschen Vorschläge fanden in Berlin sofortige Genehmigung. Am 20. März trug der König dem Grafen auf, alsbald zu der Organisation der erwähnten Gegenstände vorzuschreiten;

---

[1]) Das ist wohl ein Irrtum. Bereits war 1538 das Kloster Marienrode an Hannover übergegangen. Vgl. Havemann II, 532.

auch bezüglich der ersten Einrichtung des Salzwesens im Hannoverschen sollten sogleich Schritte gethan werden.

Demgemäss wurde das Kloster Marienrode gleich nach der preussischen Besitznahme säkularisiert. Als Aufhebungskommissar fungierte der Kriegs- und Domänenrat Malchus aus Halberstadt, der einige Jahre vorher bei der Organisation des Fürstentums Hildesheim sich durch Geschäftsgewandtheit und Eifer ausgezeichnet hatte und später im Königreiche Westfalen eine hervorragende Rolle spielen sollte. In betreff des Salzwesens erhielt der Kriegs- und Domänenrat Meyer am 12. April den Auftrag, „eine nähere und gründlichere Untersuchung desselben zu beschleunigen". — Am 30. April wurde dann die Ausfuhr des hannoverschen Salzes in das Ausland „einstweilen" verboten. Nur an das General-Salzdepartement der altpreussischen Provinzen und die demselben untergeordneten Provinzial-Salzdebitsbehörden durfte Salz verkauft werden; ausserdem konnte in einzelnen Ausnahmefällen die Administrations-Kommission Ausfuhrpässe erteilen[1]). Im Inlande durfte das hannoversche Salz nach wie vor frei cirkulieren[2]).

Die Veränderungen im Post- und Gestütswesen während der preussischen Okkupation scheinen nicht tief gegangen zu sein. Wir wissen darüber bloss, dass den Postillons preussische Monturen geliefert wurden[3]), und dass ein Ausschreiben des General-Postdirektoriums vom 10. Oktober das Tragen derselben vorschrieb[4]). Dass im Juni und Juli eine direkte reitende und fahrende Post von Hannover über Burgdorf, Gardelegen, Tangermünde, Rathenow und Wustermarck nach Berlin eingerichtet wurde, wird man als eine prinzipielle Veränderung nicht bezeichnen können.

In Aussicht genommen ward ferner die Organisation des Forstwesens. Schulenburg berichtete darüber am 17. Juni an König Friedrich Wilhelm, die bedeutenden hannoverschen landesherrlichen Forsten seien in einem ziemlichen Zustande, da die der Forstwirtschaft vorstehenden Beamten Männer seien, die mit dem Forstfache wohl vertraut wären und nach Kräften für die Forsten sorgten. Mit dem preussischen Etats-, Kassen- und Rechnungswesen seien sie aber nicht bekannt; in dieser Hinsicht finde

---

[1]) Hannöverische Anzeigen J. 1806, St. 36. Am 6. Oktober 1806 wurde die Ausfuhr wieder freigegeben.
[2]) Es ist gänzlich unrichtig, wenn Heinemann (III, 332) behauptet, das preussische Salzmonopol sei in Hannover eingeführt und habe auf den ärmeren Klassen schwer gelastet.
[3]) Ompteda, Politischer Nachlass I, 155.
[4]) Spangenberg, Sammlung der Verordnungen und Ausschreiben IV, 1, S. 547.

man überall Unordnung und nicht gehöriges Verfahren. Nach preussischer Verfassung „verdiene das Etats-, Kassen- und Rechnungswesen ganz vorzügliche Rücksicht, um überall die nötige Ordnung zu bewirken, von dem Zustande der Forsten, von den nachhaltigen Revenuen, die sie bringen könnten, unterrichtet zu sein, um stets Übersicht und Kontrole zu haben und Zusammenhang und Harmonie im ganzen wie im einzelnen hervorzubringen". Da dieses alles hinfort auch im Hannoverschen stattfinden müsse, so sei es nötig, die bisherige Verfahrungsart zu verändern und zu verbessern. Zu solchem Zwecke möge man ausgezeichnete, längst routinierte Fachmänner aus den älteren Provinzen berufen, welche die hannoverschen Forsten bereisen und untersuchen, Forstetats entwerfen, die Kontrole einrichten und überhaupt das Forstkassen- und Rechnungswesen auf preussischem Fusse organisieren sollten. — Bei der grossen Ausdehnung der hannoverschen Provinzen, meinte Schulenburg, werde diese Arbeit wohl 6—9 Monate in Anspruch nehmen. Als geeignete Fachmänner schlug er den halberstädtischen Oberforstmeister von Hünerbein und den magdeburgischen Oberforstmeister von Kleist vor. In Berlin war man mit diesem Vorschlage einverstanden und gab die entsprechenden Befehle. — Leider sind wir nicht unterrichtet, wie weit die Organisation des Forstwesens im Verlaufe der preussischen Okkupation vorgeschritten ist [1]).

Die Aufhebung des Klosters Marienrode und die Befürchtung weiterer Eingriffe in die Verfassung des Landes bewog das Landesdeputations-Kollegium, zu Anfang Juni eine Deputation an Friedrich Wilhelm III. abzusenden. Sie bestand aus dem Ober-Apellationsrate Grafen Hardenberg und dem Landrat Freiherrn Grote. Die beiden Deputierten sollten nach der ihnen erteilten Instruktion [2]) bei dem Könige Vorstellungen wegen der Säkularisation des Klosters Marienrode machen, ebenso wegen des Verbotes der Salzausfuhr, welches den hannoverschen Salzwerken, namentlich der Saline zu Lüneburg, und überhaupt vielen hannoverschen Bürgern zu schwerer Schädigung gereiche. Des weiteren sollten sie sich nach Kräften dafür verwenden, „dass in der seit Jahrhunderten bestandenen Verfassung der Kurlande, zumal so lange die jetzige Lage und Ordnung

---

[1]) In einem Ausschreiben vom 3. Juli 1806 forderte das Kammerkollegium sämtliche Forstämter im Auftrage der Administrations-Kommission auf, genaue und tabellarische Übersichten über die sämtlichen Forstreviere einzusenden. — Die Berichte sind indessen während der preussischen Okkupation nicht mehr eingegangen.
[2]) Hannover, 29. Mai.

der Dinge fortwähre, nichts alteriert werde". Wenigstens möge es nicht geschehen, "ohne die einheimischen Landesbehörden mit den dagegen eintretenden Bedenklichkeiten und Gegengründen zu hören". Insbesondere sollte auch die Erhaltung der landschaftlichen Verfassung von den Deputierten befürwortet werden. Zu guterletzt hatten sie noch um eine Verminderung der preussischen Okkupationstruppen zu bitten.

In Berlin erfuhren die Abgesandten von dem Kabinettsrate Beyme, es sei der feste Beschluss gefasst, die hannoverschen Provinzen auf beständig mit den übrigen preussischen Staaten zu vereinigen und ihren Besitz durch die Macht der Waffen zu behaupten. In der Audienz, welche die Deputierten am 18. Juni bei dem Könige hatten, soll dieser gesagt haben, die Okkupation Hannovers sei durch die Umstände notwendig geworden. Die Verbindung der Kurlande mit England sei für andere Mächte sehr embarassant gewesen; er wünsche, dass ein baldiger Friede alles konsolidieren möge. Bis zum Frieden solle alles in der alten Ordnung verbleiben [1]).

Auf die Vorstellungen, welche die Deputierten im Sinne ihrer Instruktion machten, wurde ihnen vom Könige ein schriftlicher Bescheid erteilt (24. Juni) [2]). Das Kloster Marienrode, hiess es darin, gehöre von Rechts wegen zu Hildesheim. Was den Beitrag des Klosters zu den Landesabgaben und Schulden betreffe, so solle darin provisorisch nichts geändert werden. Man sei weit entfernt, die Bestimmung der Klostergüter und deren Einkünfte zu milden Zwecken und Anstalten zu ändern. Die von den Domänen abgesonderte Verwaltung derselben solle daher immerwährend fortdauern [3]), und es solle

---

[1]) Promemoria der Deputierten vom 30. Juni.
[2]) Gedruckt in Archenholz, Minerva J. 1806, III, 119 ff.
[3]) Schulenburg machte hiergegen am 27. Juni Vorstellungen. Die von den Domänen abgesonderte Verwaltung der Klostergüter sei, wie auch in Hannover allgemein gefühlt werde, die "partie honteuse" der hannoverschen Administration, weil sie von Männern geführt werde, die solches nicht verstanden. Die Verwaltung der Klostergüter könne füglich durch die Kammer geschehen, selbst wenn der König ihre Einkünfte ausschliesslich den milden Stiftungen zuwenden wolle. Friedrich Wilhelm erwiderte darauf am 3. Juli, er würde in der Bestimmung der Einkünfte von diesen Gütern zu einem so nützlichen Zwecke nie eine Änderung gemacht haben, und habe darum den Antrag der Stände auf immerwährende, von den Domänen abgesonderte Verwaltung der Klostergüter um so lieber bewilligt, als durch die steigenden Einkünfte die ebenfalls steigenden Bedürfnisse am besten gesichert und lästige Anträge auf Zuschüsse vermieden würden. Doch habe er sich ausdrücklich vorbehalten, Missbräuche der bisherigen Verwaltung abzustellen. Es hindere sogar nichts, die Administration der Klostergüter der Kammer aufzutragen, wenn nur die Einnahme und Ausgabe von den landesherrlichen Kassen getrennt bleibe.

die grösste Sorgfalt angewandt werden, die Einkünfte derselben durch eine gute Administration zu vermehren und ihre Verwendung durch Abstellung aller etwaigen Missbräuche zu verbessern. — Das interimistische Verbot der Salzausfuhr sei als eine zur Sicherung des eigenen Bedarfs unumgänglich notwendige Polizeimassregel anzusehen. Nachteilige Folgen könne es nicht haben, da der Salzdebit bloss eine andere Richtung erhalte. — Die Beibehaltung der bisherigen Landesverfassung überhaupt und der landschaftlichen Verfassung insbesondere setze eine genauere Bekanntschaft mit derselben voraus, als die Administrations-Kommission sich bisher habe erwerben können. Er (der König) werde keine willkürlichen, sondern nur solche Veränderungen vornehmen lassen, welche notwendig seien, um die hannoverschen Lande mit seiner Monarchie auf das innigste zu vereinigen und sie nach den Grundsätzen zu regieren, die sich als Grundpfeiler der Macht, der Sicherheit und des Wohlstandes des preussischen Staatskörpers bewährt hätten. Eine landschaftliche Verfassung streite dagegen keineswegs. — Vor der Ausführung der einen oder anderen neuen Einrichtung, welche in Vorschlag kommen möchte, werde die Administrations-Kommission sich mit den Ständen und anderen Behörden, welche von den betreffenden Gegenständen besondere Kenntnis hätten, „wegen der etwa dagegen obwaltenden Bedenklichkeiten und besorglichen nachteiligen Folgen" ins Einvernehmen setzen. — Die gewünschte Verminderung der Truppen solle so bald wie möglich eintreten [1]).

„Ich gebe Euch mit Freuden die feste Zusicherung", hiess es zum Schluss, „dass mein ganzes Bestreben darauf gerichtet ist, die Wunden zu heilen, die bisherige unglückliche Ereignisse dem Lande geschlagen haben, und es ganz glücklich zu machen. Weder ehrgeizige noch länderbegierige Absichten, sondern nur die durch Erfahrung begründete Überzeugung, dass die Einverleibung der hannoverschen Lande in die preussische Monarchie zur beiderseitigen Wohlfahrt und Sicherheit schlechthin notwendig sei, haben mich zu dieser Vereinigung und den damit verbundenen grossen Opfern bestimmen können. Die Vergangenheit hat es Euch bewiesen, dass England Euch nicht schützen konnte, und dass Ihr nur von Preussen beschützt werden könnt. Preussen hat nun diesen Schutz über sich genommen, von dem Ihr in Zukunft mehr Sicherheit der Person

---

[1]) Der Generalleutnant von Gensan sagte zu den Deputierten freilich, vorläufig dürfe man sich zu einer Verminderung des preussischen Armeekorps noch keine Hoffnung machen. So lange Preussen vor einer anderen Seite nicht ganz sicher sei, gehe eine Verminderung nicht an.

und des Eigentums, sowie die Abstellung mancher drückenden Missbräuche, die die Entfernung des Regenten erzeugte, zu erwarten habt." Man merkt dem königlichen Schreiben deutlich die Absicht an, die Hannoveraner davon zu überzeugen, dass die Verbindung Hannovers mit Preussen unwiderruflich sei und bleiben werde. Daher die Ankündigung von Veränderungen in der Verfassung, welche das Kurfürstentum auf das innigste mit der preussischen Monarchie verschmelzen sollten. In Wirklichkeit gedachte der König, wie bereits erwähnt ist, solche Veränderungen erst nach dem Frieden, der ihm den Besitz Hannovers bestätige, vorzunehmen. Die hannoverschen Abgesandten brachten selbst die Nachricht nach Hause[1]), die Einführung der preussischen Accise und der Militärkonskription werde nicht zu hintertreiben sein, indessen werde man vorerst damit verschont bleiben.

Wir hören denn auch fernerhin von keiner tief in die Verfassung des Landes eingreifenden Veränderung. Einen Antrag der Administrations- und Organisations-Kommission, die in Hannover noch immer zu Recht bestehende und zur Anwendung gebrachte Tortur [2]) abzuschaffen, lehnte Schulenburg mit der Motivierung ab: er halte es für bedenklich, vor wirklicher Organisation und Einführung der preussischen Gesetze und Gerichtsverfassung eine förmliche Verordnung zu erlassen, wodurch die Tortur in den hannoverschen Landen gänzlich beseitigt werde. Man möge lieber einen anderen Weg einschlagen und den sämtlichen Justizkanzleien und Hofgerichten, sowie dem Oberappellations-Gerichtshofe zu Celle eröffnen, dass auf den Gebrauch der Tortur in den einzusendenden Kriminalrelationen nicht mehr angetragen werden solle, weil solcher preussischerseits nie Genehmigung finden würde.

Auch ein anderer Antrag der Administrations-Kommission, welcher auf eine Veränderung in der Verfassung des Kammer-Kollegiums hinauslief, fand nur teilweise die Genehmigung Schulenburgs. Nach der Verfassung der Kammer nahmen die referierenden Kammer-.

---

[1] Es ist völlig aus der Luft gegriffen, wenn der Verfasser der Erinnerungen aus Hannover und Hamburg aus den Jahren 1803—13 (S. 24) erzählt, die Steuern hätten auf preussischem Fusse eingeführt werden sollen; da die hannoverschen Unterthanen sich aber dagegen gesperrt hätten, habe die preussische Regierung von der Einführung des preussischen Steuersystems abgesehen.

[2] U. a. trug die Justizkanzlei zu Celle im April 1806 in einer Kriminaluntersuchungssache wider eine gewisse Johanne Otte und deren Mutter, Witwe Otte, wegen Kindesmordes und Vergiftung darauf an: die erste Inquisitin mit den 3 Graden der Tortur, nämlich den Daumstöcken, den Beinstiefeln und den Schnüren, die zweite Inquisitin aber nur mit den beiden ersten Graden zu belegen. Administrations- und Organisations-Kommission an Schulenburg, 16. April.

sekretäre, 14 oder 15 an der Zahl, an den Beratungen in dem sogenannten Ratszimmer nicht teil. Vielmehr begaben sich die Sekretäre einzeln in das Ratszimmer, hielten dort ihren Vortrag, gaben ihr votum consultativum ab und kehrten dann in die Sekretarienstube zurück, um dem folgenden Kollegen zu einem gleichen Zwecke Platz zu machen[1]). In der Regel lasen und bearbeiteten die Sekretäre die Akten allein, die Räte entschieden bloss nach dem Vortrage und dem votum consultativum der ersteren. Der Administrations-Kommission konnten die grossen Unvollkommenheiten eines solchen Geschäftsganges nicht verborgen bleiben. Ihr Antrag ging dahin, die sämtlichen Kammersekretäre sollten den Kammersessionen in dem Ratszimmer beiwohnen und ein votum decisivum erhalten. — Der preussische Administrationschef verfügte hierauf (6. Juli), „dass den sämtlichen referierenden Kammersekretarien zur Pflicht gemacht werden solle, den Kammersessionen, wenn sie auch nicht zu referieren haben sollten, regelmässig beizuwohnen, um teils dadurch eine fortlaufende Kenntnis von allen vorkommenden Geschäften zu erhalten, teils in vorkommenden Fällen durch ihren guten Rat auch ausserhalb des Umfangs ihrer eigenen Expeditionen zum Besten des Dienstes mitwirken zu können". Den Sekretären nach dem Antrage der Administrations-Kommission ein votum decisivum beizulegen, lehnte Schulenburg ab, da dies eine erhebliche Veränderung in der Verfassung des Landes bedeutet haben würde.

Grössere Veränderungen wurden allein im Münzwesen getroffen. In Preussen, wie in den meisten Staaten Deutschlands, herrschte damals der Konventionsfuss, nach welchem aus der Mark feinen Silbers 21 Gulden geprägt wurden. In Hannover wurde zwar ebenfalls Konventionsmünze geprägt; die offizielle Landesmünze war aber das Kassengeld, wovon 18 Gulden auf die Mark feinen Silbers gingen. — Das preussische Geld hatte in dem Kurfürstentume bis zum Jahre 1806 keinen gesetzlichen Kurs gehabt. Im allgemeinen stand es im Hannoverschen in Misskredit, eine Folge der verwerflichen Münzverschlechterungen, die noch in letzter Zeit im Preussischen mehrfach stattgefunden hatten. Doch ging man in Hannover in dem Misstrauen gegen die preussische Münze entschieden zu weit. Während der preussische Thaler nach genauer Berechnung in hannoverschem Kassengelde 20 ₰ 6⁶⸌₇ ₰ wert war, war es schon viel, wenn für denselben 20 ₰ gegeben wurden: meist wurden nur 19 oder auch nur 18 ₰ dafür gezahlt[2]). Die preussische

---

[1]) Vgl. von Bülow, Bemerkungen, S. 116 Anm.
[2]) Schulenburg an Landesdeputations-Kollegium 19. Februar.

Scheidemünze war im Hannoverschen gänzlich verboten. — Dadurch wurden die preussischen Soldaten, welche nach Hannover kamen und ihre Löhnung in preussischem Gelde empfingen, schwer geschädigt. Es war deshalb eine der ersten Forderungen Schulenburgs nach dem Einrücken der Preussen im Februar gewesen, dass dem preussischen Kurantgelde ein gesetzlicher Kurs im Lande gestattet werde. Am 24. Februar 1806 war von dem Kommerzkollegium eine mit der preussischen Behörde vereinbarte Verordnung erlassen[1], welche den Wert des preussischen Geldes gegenüber dem hannoverschen Kassen- und Konventionsgelde tarifmässig festsetzte. Diese Festsetzung entsprach ungefähr dem wahren Wertverhältnisse; doch war sie eher zu Gunsten des hannoverschen als des preussischen Geldes gehalten.

Später ging man preussischerseits einen Schritt weiter. Am 29. August wurde für die hannoverschen Provinzen mit Ausnahme von Osnabrück und Lauenburg eine Münzverordnung erlassen[2]. Nach derselben sollte vom 1. Oktober an das preussische Silbergeld als die Hauptmünze des Landes angesehen und nach dem vollen Zahlenwerte ausgegeben und angenommen werden. Handlungs- und Gewerbetreibende sollten im Verkehre nach dem preussischen Münzfusse rechnen. Steuern und öffentliche Abgaben durften nach Belieben in den bisher bei den Landeskassen gangbaren Münzsorten oder mit preussischem Gelde bezahlt werden. Wer sich weigern sollte, die festgesetzten Münzsorten anzunehmen, sollte in eine Strafe von 5—50 ₰ verfallen. — Auch die preussische Scheidemünze, welche in die Verordnung vom 24. Februar nicht einbegriffen gewesen war, sollte jetzt gesetzlichen Kurs erhalten, und zwar sollte sie den entsprechenden hannoverschen Münzen gleich gesetzt werden, weil auch diese durchweg nicht das volle Gewicht hätten.

Wie in der erwähnten Verordnung ausdrücklich angegeben war, war es keineswegs beabsichtigt, das hannoversche Geld ausser Kurs zu setzen, vielmehr sollte dasselbe bis auf die geringeren Münzsorten bei allen Zahlungen den ihm nach seinem Werte zukommenden Vorzug vor dem preussischen Gelde behalten.

Allerdings ging die Tendenz dahin, mit der Zeit das preussische Geld zur alleinigen Landesmünze in Hannover zu machen. Um diesen Zweck zu erreichen, sollte die Prägung von hannoverschem Gelde auf der Münzstätte zu Klausthal möglichst eingeschränkt und mit dem Ende des Jahres 1806 völlig eingestellt werden. Von dem Beginn des Jahres 1807 ab sollte nur noch preussisches Geld

---

[1] Hannoverische Anzeigen J. 1806, St. 16.
[2] Das. St. 75.

geprägt werden. — Mit Fug berief man sich preussischerseits auf die Thatsache, dass der schwere Münzfuss in Hannover allgemein für ein grosses Übel gehalten wurde, und dass nur die französische Invasion im Jahre 1803 die kurfürstliche Regierung an der Abschaffung desselben und der Einführung eines leichteren Geldes gehindert hatte[1]).

Auf hannoverscher Seite äusserte man gleichwohl grosse Bedenken gegen die Einführung des preussischen Münzfusses. Man gab sich den übertriebensten, ganz ungegründeten Besorgnissen hin und glaubte die schwerste Schädigung der öffentlichen Kassen und der Unterthanen, eine grosse Steigerung der Lebensmittelpreise und wer weiss, was noch alles, befürchten zu müssen. Das Landesdeputations-Kollegium entsandte daher um die Mitte September den Landrat von Grote an den König Friedrich Wilhelm mit der Bitte, die Verfügung vom 29. August zurücknehmen zu wollen. Man sei der Überzeugung, hiess es in der Eingabe des Kollegiums, dass „die urplötzliche Einführung des neuen Münzfusses für die öffentlichen Kassen ebensosehr, als für das Publikum und insonderheit für die erwerbende und handelnde Klasse der Bürger einen nicht zu berechnenden, aber gewiss auf mehrere Tonnen Goldes anzuschlagenden unwiederbringlichen Verlust mit sich führen, und ohne den gesamten Staaten des preussischen Königs einen reellen Vorteil zu gewähren, zur alleinigen Bereicherung gewinnsüchtiger Agioteurs und Wucherer dienen und den Ruin einer grossen Anzahl diesen in die Hände fallender und mit den Kunstgriffen nicht vertrauter Landeseinwohner zur unvermeidlichen Folge haben werde" (16. September). Wie vorauszusehen, hatte das Gesuch der Stände keinen Erfolg. Am 22. September hatte Grote zu Halle a. S. eine Unterredung mit dem Geheimen Kabinettsrat Beyme, in welcher sich der letztere entschieden weigerte, die Petition bei dem Könige zu unterstützen. Als der hannoversche Abgesandte an Beyme die Bitte richtete, man möge wenigstens die Verordnung für das erste suspendieren, erhielt er zur Antwort: „Daraus kann gar nichts werden, lieber 8 Tage früher als später. Wäre der Herr von Ingersleben, der jetzt Minister geworden ist, schon eher Chef der Administration gewesen, so würde es längst geschehen sein. Wir haben schon über eine halbe Million Thaler dadurch verloren, und einen solchen Verlust können wir jetzt um so weniger ertragen. Entweder Sie sind Preussen,

---

[1]) Administrations- und Organisations-Kommission an Landesdeputations-Kollegium, 15. September. Vgl. auch Patje, Kurzer Abriss des Fabriken-, Gewerbe- und Handlungszustandes, S. 38 f. und Luden, Das Königreich Hannover nach seinen öffentlichen Verhältnissen, S. 329 ff.

oder Sie sind es nicht; im ersteren Falle können Sie keine Vorzüge verlangen und im letzteren Falle ist gar kein Grund dazu vorhanden" [1]). Dementsprechend lautete die Antwort des Königs, aus dem Hauptquartier zu Naumburg a. S. (26. Sept.) datiert [2]), ablehnend. Sie enthielt sogar einen scharfen Verweis, dass das Landesdeputations-Kollegium „zu einer Zeit, wo Se. Majestät mit den wichtigsten Angelegenheiten beschäftigt sind, Höchstdenselben mit dieser Vorstellung beschwerlich falle und sogar eine Deputation in das Feldlager nachsende". Die Supplikanten sollten sich in diesen und allen anderen Angelegenheiten lediglich an den Staatsminister von Ingersleben wenden, dem der König die Führung der hannoverschen Angelegenheiten mit vollkommenem Vertrauen übertragen habe.

Unverkennbar tritt in den Äusserungen Beymes und dem Schreiben Friedrich Wilhelms eine gewisse Gereiztheit gegen Hannover hervor. Auch der Landrat von Grote wollte auf seiner Sendung bemerkt haben, dass auf preussischer Seite eine Erbitterung gegen die Hannoveraner herrsche. Man gebe ihnen, schrieb er nach Hause, schlechte Behandlung des preussischen Militärs, Vorliebe für die Franzosen und anderes mehr schuld. Das giebt uns Anlass, auf die öffentliche Stimmung in Hannover während der preussischen Besitznahme, welche wir bisher nur flüchtig gestreift haben, einzugehen.

Die Hannoveraner waren den Preussen von vorn herein wenig günstig gesinnt. Nach hannoverscher — wohl nicht unparteiischer — Angabe war der Wunsch, dass statt der Preussen Bernadotte eingerückt sein möchte, „in Hannover ganz allgemein, bei allen Behörden, bei Grossen und Kleinen"[3]). Doch liessen die Bewohner des Kurfürstentums ihre Abneigung diesmal nicht so offen zum Vorschein treten, wie anno 1801. „Die klugen Leute im Lande", schrieb der hannoversche Gesandte am sächsischen Hofe von Bremer unter dem 24. März an den Gesandten von Ompteda in Berlin, „haben so viel zum Voraus auf eine vorsichtige Aufführung gegen die Preussen gedrungen, sie so oft laut empfohlen, und die Konduite von 1801, da wir noch nicht so zahm sein konnten, als so unpolitisch allenthalben dargestellt, dass das Benehmen unserer Landsleute, wenigstens so viel ich in der Hauptstadt gesehen habe, allen Beifall verdient. Man ist höflich und kalt, niemand geht zu weit, jeder weit genug" [4]).

[1]) Bericht Grotes an das Landesdeputations-Kollegium, Halle 22. September.
[2]) St.-A. Hann.
[3]) v. Bremer (hannoverscher Gesandter zu Dresden) an den Gesandten von Ompteda in Berlin, 3. April. v. Ompteda, Politischer Nachlass I, 142.
[4]) Das. S. 140.

Schulenburg selbst konnte am 13. März nach Berlin berichten, dass die geringeren Klassen der Bevölkerung im allgemeinen die Veränderung in der Regierung nicht ungern sähen. Nur zwei Gegenstände erregten unter ihnen einige Besorgnis, nämlich das preussische Kantonswesen und die Accise. Bei näherer Bekanntschaft werde man sich aber sicher damit aussöhnen, um so eher, als auch im Hannoverschen schon sehr bedeutende indirekte Abgaben unter dem Namen Licent beständen. Allerdings walte hierbei der Unterschied ob, dass der Licent sehr nachlässig erhoben und allein von dem ehrlichen Manne vollständig entrichtet werde; die Ungerechtigkeit eines solchen Zustandes werde aber bereits vielfach gefühlt. — Was die vornehmen Hannoveraner angehe, so würde ein grosser, er möchte sagen, der grösste Teil von ihnen, damit zufrieden sein preussisch zu werden, wenn sie nur die gewisse Überzeugung hätten, dass dies ihr wirkliches und endliches Schicksal sein würde. Daran glaube man jedoch nicht.

In einem anderen Berichte vom 10. April führt Schulenburg diesen Gegenstand weiter aus. Die Meinung des Publikums über den Zustand der Dinge, bemerkt er, sei dreifach geteilt. Nur eine kleine Minorität der Hannoveraner halte sich überzeugt, dass Friedrich Wilhelm III. den Besitz des Kurfürstentums behaupten werde. Ein zweiter, etwas, obgleich nicht viel zahlreicherer Teil, glaube, dass England beim Frieden Aufopferungen zur See an Frankreich machen und dadurch bewirken werde, dass die hannoverschen Lande an Georg III. zurückgegeben würden. Der weitaus stärkste Teil der Bevölkerung sei aber fest überzeugt, dass man in ganz kurzer Zeit statt des preussischen schwarzen Adlers wieder den goldenen französischen anschlagen würde.

Es fehlte der preussischen Regierung unter den Hannoveranern nicht an Anhängern. Als die entschiedensten bezeichnet Schulenburg einmal den Generalmajor von Wangenheim und den Schlosshauptmann von Hardenberg, einen Verwandten des preussischen Ministers[1]). Manche angesehene hannoversche Beamten, wie der uns bereits bekannte Oberappellations-Rat von Ramdohr, traten in den preussischen Staatsdienst über. Einen wenig sympathischen Eindruck macht das Gebahren des ehemaligen Hofrichters von Berlepsch, welcher dem Könige wiederholt seine Dienste in den hannoverschen Landen anbot[2]). Schulenburg riet von der Wiederanstellung desselben entschieden

---
[1]) Immediatbericht vom 2. April.
[2]) Kabinettsordre vom 7. Juni. Der König sprach sich dahin aus, dass es zwar nicht rätlich scheine, Berlepsch in seine vormalige Stellung wieder einzusetzen, indessen sei es auch nicht angebracht, „so viel guten Willen, Kraft und Kenntnisse"

ab. Die Anhänglichkeit des Herrn von Berlepsch für die preussische Monarchie, schrieb er am 10. Juni an den König, sei zweifelhafter Natur. Berlepsch habe sich schon früher gegenüber den französischen Marschällen in Lobeserhebungen und Schmeicheleien erschöpft, um wieder in Amt und Würden zu kommen. Im Lande werde er von niemandem geliebt und geachtet, sondern allgemein gehasst, und man könne wohl sagen verabscheut, nicht bloss von den Beamten, sondern auch von dem Publikum. Seinem Kopfe und seinen Kenntnissen lasse man Gerechtigkeit widerfahren; um so mehr sei man aber gegen seine Grundsätze und selbst gegen seine Moralität eingenommen. Man halte ihn für einen Unruhestifter, der die Unterthanen gegen ihre Obrigkeit aufzuwiegeln suche. Eine Wiederanstellung des abgesetzten Hofrichters könne nur den bereits existierenden Widerwillen gegen die neue Regierung vermehren. — Natürlich wurde nach diesem Berichte in Berlin von einer Anstellung Berlepschs im Hannoverschen Abstand genommen.

Im Laufe der Okkupation scheint die Abneigung der Einwohner gegen das preussische Regiment trotz der überall bethätigten Milde der preussischen Regierung eher zu- als abgenommen zu haben. Am 24. August berichtete Ingersleben nach Berlin, der König kenne aus den früheren Berichten Schulenburgs die Abneigung, welche in Hannover wenigstens zum Teil gegen die jetzige Ordnung der Dinge bestehe. Ein Teil der Einwohner würde es vielleicht sogar vorziehen, wenn die französische Okkupation zurückkehrte, weil man den Aufenthalt der Franzosen in dem Kurfürstentum immer nur als vorübergehend betrachte. Es sei zu befürchten, dass im Hannoverschen mit den Franzosen Verbindungen unterhalten würden, oder doch angeknüpft werden könnten, die man weder in militärischer noch in sonstiger Beziehung dulden dürfe [1]).

---

von sich zu weisen. Schulenburg möge sein Gutachten darüber abgeben, auf welche Weise Berlepsch demnächst in hannoverschen Diensten angestellt werden könne.

[1]) Auch Hausmann (Erinnerungen, S. 51) berichtet von der ungünstigen Stimmung der Hannoveraner gegen Preussen. — Dagegen erzählt Mierzinsky, Erinnerungen aus Hannover und Hamburg, S. 30 ff., dass das Verhältnis der Hannoveraner zu dem preussischen Militär ein gutes gewesen sei. Das letztere habe sich freundlich, nicht anmassend benommen. Desgleichen seien die Offiziere bemüht gewesen, mit den Einwohnern in gutem Einverständnisse zu leben. Wie stimmt das zu dem von Havemann behaupteten „breiten Übermute von Offizieren welche z. T. kaum dem Knabenalter entwachsen waren"? (III, 739). — Havemann zeigt überhaupt in seinen Anklagen gegen die preussische Administration eine grosse — man kann nicht anders sagen — Leichtfertigkeit. So, wenn er von der bis dahin nicht bekannten Strenge spricht, mit welcher die neuen Abgaben eingetrieben, oder von dem Zwange, welcher bei der Aushebung

Es begreift sich leicht, dass solche Nachrichten an dem preussischen Hofe eine Missstimmung gegen Hannover erzeugen mussten. Vermehrt wurde diese ungünstige Stimmung noch durch die diplomatischen Verlegenheiten, in welche Preussen im Sommer 1806 wegen der Kurlande geriet[1]), und welche schliesslich zum Ausbruch des Krieges mit Napoleon führten.

Angesichts der gefährlichen Lage, in die der preussische Staat durch die Verwickelungen mit Frankreich kam, kann es nicht Wunder nehmen, dass der König die Hilfskräfte, welche der Besitz Hannovers bot, und auf die er bis dahin grossmütig verzichtet hatte, bei dem Ausbruche des Krieges sich nutzbar zu machen strebte.

Eine Kabinettsordre Friedrich Wilhelms III. vom 2. Oktober[2]) kündigte dem Landesdeputations-Kollegium an, dass Hannover einen angemessenen Beitrag zu den Kriegskosten liefern müsse. „Es ist den Deputierten bekannt", hiess es darin, „mit welcher Sorgfalt Se. Majestät es sich haben angelegen sein lassen, den hannoverschen Provinzen wieder aufzuhelfen, und dass Allerhöchst dieselben, weit entfernt, das Geringste aus dem Lande zu beziehen, vielmehr sehr bedeutende Summen aus den Kassen der älteren Provinzen zum Besten von Hannover verwandt haben. Se. Majestät würden Ihre Freude daran gefunden haben, dem Lande auch ferner nur beizustehen, um die Wunden, die der Krieg ihm zugefügt, zu heilen, wenn Ihre ernstlichen Bemühungen, den so teuer erkauften Frieden zu befestigen, von einem glücklichen Erfolge wären gekrönt worden. Jetzt aber, da Allerhöchst dieselben sich genötigt sehen, Ihre ganze

---

der jungen Mannschaft zum Kriegsdienst geübt worden sei. — Wie wir gesehen haben, sind während der preussischen Okkupation überhaupt keine neuen Abgaben ausgeschrieben worden. „Eine bis dahin nicht gekannte Strenge" bei der Eintreibung der Steuern haben die preussischen Behörden schon aus dem Grunde nicht zeigen können, weil die Erhebung der Steuern lediglich den heimischen Behörden überlassen blieb. Dass von „einer Aushebung der jungen Mannschaft zum Kriegsdienste" während der preussischen Besitznahme keine Rede war, wird sich nachher zeigen. — Auch O. von Heinemann ergeht sich in ungerechten Beschuldigungen gegen die preussische Verwaltung. Man höre: „Die preussische Okkupation vollendete den Ruin des Landes. — Alle Zweige der Verwaltung erlitten eine völlige Umwandlung nach preussischem Muster. — Die Abgaben wuchsen. — Staatsmonopole, wie namentlich das Salzmonopol, lasteten schwer auf den ärmeren Klassen. Handel und Verkehr aber erlagen unter der strengen Sperre, die auf Befehl Napoleons gegen England auf den Flüssen und in den Häfen des Landes gehandhabt werden musste. (Geschichte von Braunschweig und Hannover III, 331 f.) Aus unserer Darstellung dürfte sich zur Genüge ergeben, wie haltlos solche Beschuldigungen sind.

[1]) Vgl. darüber Bailleu a. a. O., II, Einl. S. LXXII, und Häffer a. a. O., S. 215 ff.
[2]) St.-A. Hann.

Macht aufzubieten und die Kräfte der Monarchie aufs äusserste anzustrengen, um die Sicherheit des Friedens zu erringen oder den Krieg mit dem grössten Nachdruck zu führen, müssen Sie Ihrer Wohlthätigkeit Schranken setzen; und indem Sie von Ihren älteren Staaten ganz ausserordentliche Opfer zu fordern genötigt sind, von Hannover wenigstens soviel als Beitrag zu den Kriegskosten erhalten, wie diese Provinzen vor der französischen Okkupation zu Erhaltung des eigenen Militärs geleistet haben."

Ingersleben teilte darauf dem Landesdeputations-Kollegium am 8. Oktober mit, der König rechne auf einen jährlichen Beitrag von wenigstens einer Million Thaler und habe ihm befohlen, unverzüglich Anstalt zu treffen, dass diese Summe dem Kriegsfonds überwiesen werde. Das Kollegium solle daher mit den verschiedenen landschaftlichen Behörden (exklusive Osnabrück) wegen der Aufbringung einer jährlichen Summe von einer Million Thaler in Korrespondenz treten, auf jede Provinz die verfassungsmässige Quote legen und für prompte Ablieferung vom 1. November ab Sorge tragen. Es verstehe sich unter solchen Umständen von selbst, dass die Abbezahlung von Schulden und Rückständen vorläufig ganz eingestellt werden, und dass man sich bei der Auszahlung der Zinsen auf das durchaus Notwendige beschränken müsse.

Schon vorher (24. September) hatte Ingersleben dem Landrate von Meding mitgeteilt, dass er durch eine königliche Kabinettsordre befehligt sei, die Ergänzung des Regiments von Tauenzien durch eine Rekrutenaushebung im Hannoverschen zu bewerkstelligen. Meding richtete im Verein mit zwei anderen Mitgliedern des Deputations-Kollegiums eine Vorstellung gegen die beabsichtigte Massregel an Ingersleben. Darin hiess es u. a., bekanntlich habe im Kurfürstentum niemals eine ordentliche und regelmässige Militärkonskription stattgefunden. Vielmehr seien die hannoverschen Truppen in Friedenszeiten lediglich durch freiwillige Rekrutierung ergänzt worden. Nur bei dem Ausbruche eines Krieges und zuletzt kurz vor dem Eintritte der französischen Okkupation habe man zu einer ausserordentlichen Aushebung gegriffen. Diese habe aber nur unter dem Beistande der militärischen Macht von den Obrigkeiten bewerkstelligt werden können, so hartnäckig habe man sich gegen sie gesträubt, und jedesmal hätten mehr junge Leute ihr Vaterland verlassen, als wirklich ausgehoben worden seien. Bei der entschiedenen Abneigung der Bevölkerung gegen den Militärdienst könne und dürfe keine obrigkeitliche Person, ohne Ansehen, Gesundheit und Leben auf das Spiel zu setzen, es wagen, eine solche Aushebung zu unternehmen, indem gewiss in den meisten Ortschaften Widersetzlichkeiten erfolgen würden.

Sei es nun, dass diese Vorstellung auf die preussischen Behörden Eindruck machte, sei es, dass man die Hannoveraner schonen wollte: man nahm von einer Aushebung in dem Kurfürstentume Abstand. Dagegen erschien am 7. Oktober eine königliche Proklamation, welche die Landeseinwohner und unter ihnen namentlich das hannoversche Militär aufforderte, sich freiwillig unter die preussischen Fahnen zu stellen. In diesem Aufrufe war gesagt, der König wolle zwar von dem Rechte einer Aushebung der kriegstüchtigen Mannschaft, das ihm als der gegenwärtigen obersten Staatsgewalt unzweifelhaft zustehe, keinen Gebrauch machen, indessen solle dem ehemaligen, jetzt noch auf Wartegeld stehenden Militär Gelegenheit gegeben werden, „unter begünstigenden und die Verbesserung ihres eigenen Nahrungszustandes zusichernden Umständen ihre vormalige ehrenvolle Bestimmung — zur Verteidigung ihrer Heimat und ihres eigenen Herdes gebraucht zu werden — erfüllen zu können" [1]. Aus den zahlreichen Vergünstigungen, welche der hannoverschen Mannschaft zugesagt wurden, heben wir hervor, dass sie in den hannoverschen Landen verbleiben und nur zur Verteidigung derselben angestellt werden sollte. Um dem Aufrufe desto mehr Nachdruck zu geben, war auch die Bestimmung aufgenommen worden, wer sich von dem hannoverschen Militär nicht bis zum 15. November in der Hauptstadt gestellt haben würde, solle sofort seines Wartegeldes verlustig gehen und nie Hoffnung haben in Zukunft Wartegeld, Pension oder irgend eine Bedienung zu erhalten.

Es liegt auf der Hand, dass diese Proklamation keinen Erfolg mehr haben konnte. Die Schlacht bei Jena machte der preussischen Herrschaft in Hannover ein schnelles Ende [2]. Am 19. Oktober

---

[1] Vgl. Lehmann, Scharnhorst I, 409.

[2] In Lauenburg waren bereits gegen Ende August nach dem Abzuge der dort befindlichen preussischen Truppen die Schweden wieder eingerückt. Durch ein Patent der Regierung zu Ratzeburg vom 31. August war dort die alte Verfassung wieder hergestellt worden. Die Administrations-Kommission hatte darauf (9. Sept.) allen Behörden befohlen, „von nun an und bis zu einer abändernden Verfügung weder öffentliche Gelder und Effekten, noch Zahlungen an irgend eine öffentliche Behörde in Lauenburg zu entrichten und verabfolgen zu lassen, und ferner alle offizielle Kommunikation und Korrespondenz mit den öffentlichen Behörden Lauenburgs gänzlich aufzuheben". Vgl. Politisches Journal J. 1806. II, 919 ff. und Zander, Das Herzogtum Lauenburg in dem Zeitraum von der französischen Okkupation im Jahre 1803 bis' zur Übergabe an die Krone Dänemark im Jahre 1816 II, 20 ff.

schrieb die Administrations-Kommission an das Regierungskollegium, unter den jetzigen Verhältnissen würden die hannoverschen Behörden am besten im stande sein, diejenigen Massregeln zu ergreifen, welche gegenwärtig für die hannoverschen Lande am zuträglichsten seien. Sie wolle die innere Landesverwaltung um so eher der Regierung völlig überlassen, als sie selbst vielleicht Hannover bald verlassen müsse. Sie vertraue, dass die Regierung keine Verfügung erlasse, durch welche die bisherige Regierung blossgestellt werde; keinenfalls dürfe „die einstweilen nachgelassene Leitung der Landesverwaltung auf einen Vorgriff oder einseitige Veränderung in Bezug auf die politischen Verhältnisse und Formen" ausgedehnt werden.

Demzufolge traten die hannoverschen Minister von der Decken, von Grote und von Bremer wieder an die Spitze der Verwaltung und eröffneten am 20. Oktober ihre offiziellen Zusammenkünfte unter der Bezeichnung „Landesregierung". Sie versprachen Ingersleben, „in Absicht der preussischen Behörden und der von ihnen getroffenen Verfügungen thunlichst allen Anstoss vermeiden zu wollen" [1]). Dennoch ordneten die Minister bereits am 21. Oktober durch ein Ausschreiben an, dass an allen Orten, wo keine preussischen Truppen vorhanden seien, die preussischen Adler in aller Stille abgenommen und unbeschädigt in sichere Verwahrung genommen werden sollten. An deren Stelle sollten überall an der Grenze Tafeln mit der Aufschrift „Pays d'Hanovre" angeschlagen werden. Man hoffte dadurch zu bewirken, dass das Kurfürstentum von den heranrückenden Franzosen nicht als preussische Provinz, sondern als neutrales Land behandelt würde. Nichts beweist die Ohnmacht der Administrations- und Organisations-Kommission seit dem Abzuge der preussischen Garnison (20. Oktbr.) besser, als der Umstand, dass sie es unterliess, gegen die Abnahme der Adler zu protestieren. Nach wenigen Stunden musste auch sie die Hauptstadt des Landes verlassen.

Ein Vergleich der preussischen mit der ersten französischen Okkupation ist recht geeignet, die Noblesse in das Licht zu setzen, mit welcher die preussische Regierung das Kurfürstentum während der Besitznahme behandelt hat. Die französischen Generäle haben in der Ausbeutung des Landes und seiner Bewohner das Möglichste geleistet. Wenn sie die heimische Verfassung und Verwaltung im grossen und ganzen unangetastet liessen, so geschah es nur, weil sie auf diese Weise am ersten auf die Befriedigung ihrer ungeheuren Forderungen rechnen konnten und, was vielleicht noch

---
[1]) Bericht der Minister an Georg III. vom 24. Oktober.

schwerer in die Wagschale fiel, weil sie ihren persönlichen Vorteil dabei fanden. Wehe dem Lande, wenn die Landesbehörden sich geweigert hätten, den Forderungen der französischen Befehlshaber Genüge zu leisten. Die hannoversche Verwaltung würde alsdann sofort über den Haufen geworfen sein. An ihre Stelle wäre eine französische Administration getreten, welche es sicherlich verstanden hätte, auch den letzten Heller von den unglücklichen Bewohnern des Landes zu erpressen. Die Geschichte der ersten Okkupation ist im Grunde bloss eine Geschichte der französischen Forderungen und der Anstrengungen, welche auf hannoverscher Seite zu ihrer Befriedigung gemacht wurden.

Wie anders war es während der preussischen Besetzung! Die ganze preussische Administration war in uneigennützigster Weise darauf berechnet, die Wunden zu heilen, welche dem Lande durch die französische Herrschaft geschlagen waren, und namentlich die zerrütteten Finanzen des Kurfürstentums wieder in Ordnung zu bringen. Pekuniäre Vorteile hat die preussische Regierung so wenig aus der Besetzung des Landes gezogen, dass sie vielmehr die beträchtliche Summe für den Sold der Hamelnschen Besatzung und manche andere Ausgaben, welche eigentlich von dem Lande zu tragen gewesen wären, aus altpreussischen Kassen bezahlen liess. Erst der Ausbruch des Krieges mit Frankreich zwang Preussen an sich selbst zu denken. Die Uneigennützigkeit und Humanität der preussischen Verwaltung ist von keinem Geringeren als dem Könige Georg IV. von England öffentlich anerkannt worden, indem er im Jahre 1821 dem Oberpräsidenten von Ingersleben wegen der Verwaltung des Kurfürstentums im Jahre 1806 das Grosskreuz des Guelfenordens verlieh[1]).

---

[1]) Neuer Nekrolog der Deutschen J. IX, T. 1, S. 415.

Vita.

Am 12. Februar 1868 bin ich, Friedrich Wilhelm Karl Thimme, Sohn des Pastors Gottfried Thimme und dessen Frau Emilie geb. Münchmeyer, zu Crimderode am Harz geboren.

Den ersten Unterricht erhielt ich von meinem Vater. Von Ostern 1883 bis dahin 1885 besuchte ich die Sekunda des Real-Progymnasiums zu Nienburg a. W., die beiden folgenden Jahre die Prima des Domgymnasiums zu Verden a. A. Ostern 1887 mit dem Zeugnis der Reife entlassen, bezog ich die Georg-Augusts-Universität zu Göttingen. Ich widmete mich vorzugsweise dem Studium der Geschichte und der Staatswissenschaften und hörte Vorlesungen bei den Herren Professoren Cohn, Goedecke, Frensdorff, von Kluckhohn, Lange, J. Merkel, E. Müller, Schroeder, Steindorff, Weiland, von Wilamowitz; auch beteiligte ich mich an den Übungen und Seminarien der Herren Professoren Cohn, Dziatzko, von Kluckhohn, Lange und Weiland.

Allen genannten Herren, insbesondere den Herren Professoren Cohn, von Kluckhohn und Weiland bin ich zu lebhaftem Danke verpflichtet.

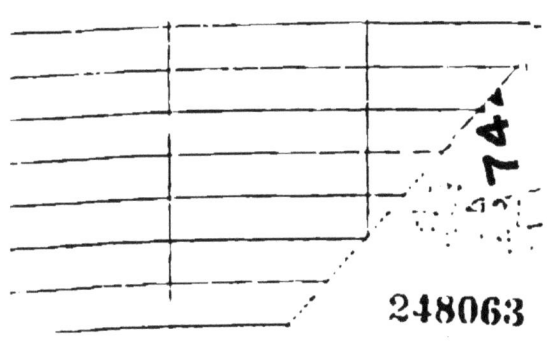